COLEÇÃO
PROJETO DIAMANTE BRUTO
LIVROS CRISTÃOS

Agradeço a Deus, o Pai e meu Senhor e Salvador Jesus Cristo, por todo bem que Deus tem feito por mim. Agradeço ao Deus que me criou e que me salvou. Agradeço ao meu Deus que me remirá de todas as minhas maldades. Agradeço a Deus pelo sangue do Cordeiro que foi derramado na cruz do Calvário, e pelo Espírito Santo que foi enviado. Agradeço a Deus por sua maravilhosa graça e por sua misericórdia.

Agradeço a Deus por sua bondade e por sua fidelidade. Agradeço a Deus pelo seu amor e pela sua justiça. Agradeço a Deus por sua benignidade e por sua benevolência. Agradeço a Deus por sua paciência e por sua longanimidade. Graças a Deus, graças ao único Deus eterno, bendito e verdadeiro. Agradeço a Deus, a Deus somente.

A Deus seja o domínio, o louvor e a glória para sempre. Amém.

FRANCISCO EDSON DA ROCHA
COOPERADOR FRANCISCO
Nº Registro: 910.186 Livro: 1.775 Folha: 449
SOBREVIVENTES DO APOCALIPSE

"E todo aquele que invocar o nome do Senhor será salvo; pois os que escaparem estarão no monte Sião e em Jerusalém, como o Senhor prometeu, e aqueles que o Senhor chamar estarão entre os sobreviventes." (Jl 2:32)

Sobreviventes Do Apocalipse.

Cooperador Francisco
(Trabalhador da últimas hora)

"Esta é a palavra do Senhor que veio a Jeremias: Assim diz o Senhor, o Deus de Israel: Escreve num livro todas as palavras que te falei. Pois dias virão, diz o Senhor, em que mudarei o destino de meu povo Israel e Judá, diz o Senhor; eu os trarei de volta para a terra que dei a seus pais, e eles a possuirão. Estas são as palavras que o Senhor disse acerca de Israel e de Judá. Portanto, assim diz o Senhor: Ouvimos gritos de pavor e de terror, mas não de paz. Perguntai, pois, e observai se um homem pode dar à luz. Por que, então, vejo todos os homens com as mãos sobre o ventre como a mulher em trabalho de parto? Por que todos os rostos estão pálidos? Ah! Como aquele dia será terrível, sem comparação! Será tempo de angústia para Jacó; mas ele será resgatado dela. Naquele dia, diz o Senhor dos Exércitos, quebrarei o jugo de sobre o seu pescoço e romperei as suas correntes. Os estrangeiros nunca mais os subjugarão; mas servirão ao Senhor, seu Deus, como também a Davi, seu rei, que lhes designarei. Portanto, não temas Jacó, meu servo, diz o Senhor, nem te assustes, ó Israel! Eu te livrarei do país distante e também livrarei tua descendência da terra do seu exílio. Jacó voltará, ficará tranquilo e seguro, e ninguém o atemorizará. Porque estou contigo para te salvar, diz o Senhor! Destruirei totalmente todas as nações por entre as quais te espalhei. A ti, porém, não destruirei totalmente, mas eu te castigarei com medida justa. De maneira alguma te deixarei inteiramente sem castigo. Porque assim diz o Senhor: A tua fratura é incurável, e a tua ferida, gravíssima. Não há quem defenda a tua causa; não há remédio nem cura para a tua ferida. Todos os teus amantes se esqueceram de ti; não te procuram mais. Eu te ataquei com um castigo cruel, como se fosse um inimigo, porque a tua iniquidade é grande, e os teus pecados têm se multiplicado. Por que gritas de dor? A tua ferida é incurável. Por ser grande a tua iniquidade e por se terem multiplicado os teus pecados é que te fiz essas coisas. Mas todos os que te devoram serão devorados, e todos os teus adversários irão para o exílio. E os que te despojam serão despojados, e entregarei como saque todos os que te saqueiam. Eu restaurarei a tua saúde e sararei as tuas feridas, diz o Senhor. Chamaram-te a abandonada, Sião, a quem ninguém mais procura. Assim diz o Senhor: Mudarei o destino das tendas de Jacó e terei compaixão das suas moradas. A cidade será reconstruída sobre as suas ruínas, e o palácio, no devido lugar. Ação de graças e voz de alegria virão deles; eu os multiplicarei, e não serão diminuídos; eu os honrarei, e não serão desprezados. Seus filhos serão como na antiguidade, e a sua comunidade será estabelecida diante de mim. Castigarei todos os seus opressores. E o seu príncipe procederá deles, e o seu governante virá do meio deles. Eu o farei aproximar-se, e ele se chegará a mim. Pois quem por si mesmo ousaria chegar-se a mim? Diz o Senhor. E vós sereis o meu povo, e eu serei o vosso Deus. Aí está a tempestade do Senhor! A sua fúria já foi desencadeada; uma tempestade arrasadora cairá sobre a cabeça dos ímpios. O furor da ira do Senhor não retrocederá, até que ele tenha executado e cumprido os propósitos do seu coração. Em tempos vindouros entendereis isso." (Jr 30:1-24)

Sumário

Introdução.

Deus é bom; somente nele eu confiarei. Não confiarei em mim mesmo, nem no meu próprio entendimento. Não confiarei no meu coração, não confiarei na imaginação da minha mente, não confiarei no conselho dos homens, não confiarei na teologia dos antigos construtores, não confiarei nos preceitos humanos, não confiarei na carne; mas somente em Deus eu confiarei. O que é ser um sobrevivente do Apocalipse?

Ser um sobrevivente do Apocalipse é ser uma alma que alcançou a salvação, mantendo a fidelidade e a integridade diante de Deus, no tempo que se chama "hoje"; que, nos últimos dias — que são os dias de hoje — guardou a fé e a esperança, e não se corrompeu como as demais almas estão se corrompendo. Estes são os sobreviventes dos últimos dias.

Apocalipse significa Revelação. A Revelação nos aponta para os dias atuais e futuros; estamos no tempo do Apocalipse, porque até aqui as Revelações têm se cumprido, e mais ainda se cumprirão — de fato.

Até que a Babilônia caia e até que Satanás seja preso. Até que venha o fim de todas as coisas, do mundo como nós o conhecemos, e venha o Reino de Deus em Sião; até que as primeiras coisas passem. A lona do circo está armada, o mal já está feito e concretizado, e muitos que se chamam pelo nome de igreja estão tomando o rumo de Manassés, filho de Ezequias, que causou uma ferida incurável em Judá. Assim também as feridas do joio no corpo de Cristo estão se tornando incuráveis; mas, felizmente, há um remanescente fiel. Esta é a igreja santa e pura que subirá ao Céu. Deus está no controle de tudo, provando o seu povo com a intenção de purificar o seu corpo (a igreja). São muitos os reprovados e poucos os aprovados; são poucos os sobreviventes, comparados aos que estão caindo mortos no deserto. Não que Deus esteja falhando — de maneira nenhuma! Deus continua triunfando em seu perfeito plano, pois uma nação santa está sendo formada desde os primórdios da Terra.

Este sempre foi o plano do Deus Santo e Sábio.

Mas eu sou apenas uma partícula de poeira pairando no ar, um servo inútil, tentando de alguma forma ser útil ao meu Senhor, enviando e recebendo mensagens via WhatsApp celestial até a sala do Trono, não pelo sistema das ondas do Wi-Fi, e sim através das asas dos anjos.

Em reverência e em oração diante do Trono da graça, oro três vezes ao dia: pela manhã, no final da tarde e à noite, antes de dormir. Sim, isso sim é de praxe. Busco a graça e a misericórdia do meu Criador, tendo como propósito me alimentar diariamente das Santas Escrituras. Porém, para isso, precisei criar um plano de leitura para manter a constância e, assim, poder alimentar o meu espírito e a minha fé em Deus através do santo alimento vitalício, para que eu também seja um dos sobreviventes.

Introdução.

Tenho consciência de que não sou digno do Reino de Deus, pois Jesus é bom demais para mim, que sou fraco e extremamente falho. Mas continuarei perseverando em seguir ao Senhor, cujo amor excede todo entendimento. De fato, Jesus é maravilhoso; seu amor dura para sempre.

Por isso, eu não consigo deixar de amá-lo, pois ele é mui amável e compassivo; eu sou um testemunho vivo da sua bondade e do seu amor.

Que eu caia nas mãos de Deus por causa das suas muitas misericórdias, mas não caia eu nas mãos dos meus inimigos. Que os açoites da disciplina do meu Mestre me punam, mas que ele não me lance para longe da sua Santa, Gloriosa, Sublime, Grandiosa e Maravilhosa Presença.

Este livro, "Sobreviventes do Apocalipse", é só mais um monólogo cristão de um crente que vive no tempo do fim dos tempos. Tenho as críticas de alguns editores que deram o seu parecer sobre o meu primeiro testemunho; assim disseram: *"A obra escrita por Francisco Edson da Rocha, (Cooperador Francisco), é uma reflexão introspectiva e espiritual que mergulha fundo na busca humana por redenção, compreensão e aceitação divina. A narrativa, rica em simbolismo e introspecção, explora a luta pela compreensão e aceitação das verdades pessoais e divinas, traçando um caminho de autoconhecimento e renovação espiritual. **Resumo:** Seu projeto é um tecido de reflexões e experiências pessoais, entrelaçadas com interpretações de escrituras e questões espirituais. O narrador, que assume um tom confessional e introspectivo, convida o leitor a uma jornada de autoexame e renovação, entremeada por pensamentos sobre a fé, a redenção e o propósito humano. A trama se desenrola como uma coleção de ensaios e meditações, onde cada capítulo serve como uma peça de um mosaico maior, revelando um quadro profundo de busca espiritual. **Análise dos Elementos Literários: Estilo de Escrita:** O autor adota um estilo de escrita introspectivo e poético, habilmente tecendo reflexões pessoais com interpretações bíblicas. A narrativa é marcada por uma linguagem rica e contemplativa, refletindo a profunda jornada espiritual do narrador. Desenvolvimento de Personagens: Embora o foco principal seja o narrador, sua profundidade e autenticidade funcionam como um espelho para o leitor, permitindo uma conexão íntima e uma reflexão pessoal. Temas e Mensagens: A obra aborda temas universais como fé, redenção, autodescoberta e a complexidade da natureza humana frente ao divino. As mensagens transmitidas são de esperança, perdão e da incessante busca pelo entendimento maior. Estrutura Narrativa: A estrutura é única, semelhante a um diário espiritual, onde cada capítulo pode ser lido como um ensaio independente, ainda que todos estejam interligados pelo tema central.*

Introdução.

Uso da Linguagem: O autor faz um uso excepcional da linguagem, criando imagens vívidas e evocativas que convidam o leitor a uma reflexão profunda. **Simbolismo e Imagens:** *O simbolismo bíblico e as imagens poéticas são usados habilmente para enfatizar os temas e as mensagens da obra.* **Tom e Atmosfera:** *O tom é, em sua maior parte, contemplativo e introspectivo, criando uma atmosfera de introspecção e reflexão espiritual.* **Ponto de Vista Narrativo:** *O ponto de vista em primeira pessoa intensifica a experiência imersiva do leitor, tornando a jornada espiritual do narrador uma viagem pessoal para quem lê.* ***Contextualização Crítica: Relevância Histórica ou Literária:*** *A obra é um testemunho atemporal da jornada humana em busca de significado, verdade e aceitação, ressoando com leitores de diferentes épocas e contextos. Influências e Movimentos Literários: Embora a obra seja única em sua abordagem, ela ecoa a tradição literária de meditações espirituais e confissões, encontrando seu lugar ao lado de clássicos introspectivos.* ***Argumentação: Apresentação de Evidências:*** *A obra é rica em citações bíblicas e exemplos pessoais, sustentando as reflexões do autor e convidando o leitor a um diálogo interno.* **Avaliação das Qualidades Literárias:** *Sua obra é uma obra de grande profundidade emocional e espiritual, destacando-se por sua honestidade, introspecção e beleza linguística.* ***Conclusão: Recapitulação do Argumento Principal:*** *A análise ressalta a profundidade emocional. A riqueza linguística e a relevância universal dos temas explorados na obra.* ***Avaliação Geral da Obra:*** *Esta obra é um mergulho corajoso nas profundezas da alma humana e sua relação com o divino, destacando-se como uma importante contribuição literária que merece ser publicada e apreciada. Reflexões Finais: Este projeto é uma obra que cativa e desafia, uma jornada literária que merece ser lida e refletida.*

Atenciosamente, Conselho Editorial..."

Será que os homens estavam sendo sinceros?

Ou foi apenas um simples rascunho elaborado pela IA?

Não sei e não me interesso em saber; estou interessado apenas na crítica divina — esta, sim, me importa. Por Cooperador Francisco:

"Sobreviventes do Apocalipse."

Capítulo 01

Humanidade distraída e
despreocupada.

Na grande Babilônia, a humanidade distraída e despreocupada sonha com as iguarias terrenas e se ilude com os bens materiais.

Mas não se lembra de Sião, nem tampouco do Criador das estrelas. Debaixo do sol, os homens cobiçam e não se cansam de cobiçar; os homens flertam com o mal e não se cansam de flertar; os homens se iludem com suas ilusões — e não se cansam. Contudo, acerca do Deus Soberano e Verdadeiro está escrito: *"Antes que os montes nascessem, ou que tivesses formado a terra e o mundo, sim, de eternidade a eternidade, tu és Deus. Tu fazes o homem voltar ao pó e dizes: Voltai, filhos dos homens! Porque, aos teus olhos, mil anos são como o dia de ontem que passou, como a vigília da noite."* (Sl 90:2-4)

Mas quanto ao homem, que é pó e pura vaidade, fraco e cheio de arrogância, a Palavra de Deus diz: *"Tu os arrastas por uma correnteza; eles são como o sono, como a relva que floresce ao amanhecer, que brota e floresce de manhã, mas à tarde murcha e seca. Pois somos consumidos pela tua ira e afligidos pelo teu furor. Colocaste diante de ti nossas maldades e, à luz do teu rosto, nossos pecados ocultos. Pois todos os nossos dias passam sob tua ira; nossos anos acabam-se como um suspiro. Os anos da nossa vida chegam a setenta ou, para os que têm mais vigor, a oitenta; mas o melhor deles é cansaço e enfado, pois tudo passa rapidamente, e nós voamos."* (Sl 90:5-10)

As mensagens positivas de melhoras e de prosperidade têm crescido no Planeta Ganância, mensagens que aparentemente são boas; mas elas fazem com que os homens amem cada vez mais o mundo dos babilônios — suas vidas terrenas e sonhos mundanos.

Essas "boas" mensagens afastam a humanidade de Sião e faz o homem criar raízes neste plano terreno e passageiro. Mas o que essas mensagens coaching de livros de autoajuda não revelam é que tudo neste mundo é uma grande ilusão, pois tudo chegará ao fim, e os bens materiais serão tomados pelo mofo e consumidos pela ferrugem.

Tudo se perderá na Babilônia; mas Sião viverá com o seu Grande Rei no Reino de Deus, indubitavelmente, sim. Porém, o homem tapa os ouvidos para não ouvir a verdade e abre a boca para se alimentar de mentiras, de vaidades e de ilusões — isso porque as palavras dos falsos profetas são mais doces do que o mel, ao contrário das palavras do verdadeiro pregador. Está escrito: *"E a palavra do Senhor veio a mim: Ó filho do homem, assim diz o Senhor Deus à terra de Israel: O fim está chegando! Vem sobre os quatro cantos da terra! O fim está chegando sobre ti; e enviarei a minha ira sobre ti, e te julgarei conforme os teus caminhos, e trarei sobre ti todas as tuas abominações. Não te pouparei, nem terei piedade de ti; mas te castigarei por todos os teus caminhos, enquanto as tuas abominações estiverem no meio de ti; e sabereis que eu sou o Senhor. Assim diz o Senhor Deus: Mal sobre mal! Já está vindo! O fim está chegando; sim, está chegando; despertou-se contra ti; está chegando. Ó habitante da terra, a tua ruína vem! Vem o tempo; está perto o dia, o dia de tumulto sobre os montes, e não de gritos alegres. Derramarei depressa o meu furor sobre ti, cumprirei a minha ira contra ti e te julgarei conforme os teus caminhos; eu te castigarei por todas as tuas abominações. E não te pouparei, nem terei piedade; eu te punirei conforme os teus caminhos, enquanto as tuas abominações estiverem no meio de ti; e sabereis que eu, o Senhor, castigo. O dia está aí! Já está vindo! Veio a tua ruína; já floresceu a vara, já brotou a soberba. A violência se levantou como vara de maldade; nada restará deles, nem da sua multidão, nem dos seus bens. Não haverá distinção entre eles. Vem o tempo! O dia chegou! Não se alegre o comprador, e não se entristeça o vendedor, pois a ira está sobre toda a multidão deles. Na verdade, o vendedor não voltará a ter o que vendeu, ainda que permaneça um longo tempo entre os viventes; pois a visão sobre toda a multidão deles não voltará atrás; por causa de sua maldade, ninguém preservará a vida.*

Já tocaram a trombeta e prepararam tudo, mas ninguém vai à luta; pois a minha ira está sobre toda a multidão deles. A espada está fora, e a praga e a fome estão dentro; o que estiver no campo morrerá pela espada; e o que estiver na cidade, a fome e a praga o devorarão. E, se alguns sobreviventes escaparem, ficarão sobre os montes, como pombas dos vales, todos gemendo, cada um por causa da sua maldade. Todas as mãos se enfraquecerão e todos os joelhos se tornarão fracos como água. E se cobrirão de pano de saco, e o terror os cobrirá; e o rosto de todos ficará envergonhado, e a cabeça deles ficará calva. Jogarão a sua prata nas ruas, e o seu ouro será como impureza; nem a sua prata nem o seu ouro poderão livrá-los no dia do furor do Senhor; esses metais não poderão saciar-lhes a fome, nem lhes encher o estômago, pois serviram de tropeço da sua maldade. Fizeram de suas joias preciosas o seu orgulho; com elas fabricaram as imagens das suas abominações e as suas coisas detestáveis; por isso eu as transformei em algo imundo para eles. Eu entregarei isso como presa nas mãos dos estrangeiros e como despojo aos ímpios da terra; e eles o profanarão. E desviarei deles o meu rosto, e eles profanarão o meu lugar oculto; porque saqueadores entrarão e o profanarão. Faze uma algema, porque a terra está cheia de crimes de sangue, e a cidade, cheia de violência. Trarei os piores dentre as nações, e eles possuirão as suas casas; farei cessar a arrogância dos poderosos, e os seus lugares santos serão profanados. Quando vier a angústia, eles buscarão a paz, mas não a encontrarão. Virá miséria sobre miséria, e se levantará rumor sobre rumor; eles buscarão uma visão do profeta; mas a lei do sacerdote perecerá, assim como o conselho dos anciãos. O rei pranteará, e o príncipe se vestirá de desolação, e as mãos do povo da terra tremerão de medo. Eu lhes farei conforme o seu caminho, e os julgarei conforme os seus merecimentos; e saberão que eu sou o Senhor.” (Ez 7:1-27)

A Palavra do Senhor não faz curva, ela é reta, justa e verdadeira.

De fato, tudo isso já aconteceu há muitos anos, quando Deus levantou o rei Nabucodonosor para executar juízo sobre os habitantes da terra, para castigar o seu povo Israel — e não apenas Israel, mas também todas as outras nações vizinhas, que sabiam que o Deus de Israel era o verdadeiro Deus. Porém, essa profecia, assim como a maioria das profecias bíblicas anunciadas pelos antigos profetas, tem múltiplas dimensões, ou seja, possui duplos e amplos sentidos, e vai além do que está escrito. Elas falam de algo que já aconteceu no passado, mas também trazem um vislumbre do futuro, como um prenúncio, algo que certamente voltará a acontecer no fim dos tempos e além do fim dos tempos. Tempo que as Escrituras chamam de Grande Tribulação e, posteriormente, mundo vindouro.

Porque, assim como Deus executou juízo no passado, eliminando muitas nações que deixaram de existir, assim também acontecerá no fim dos tempos, quando o último reino dos homens, governado pelo anticristo, desmoronar com a vinda do Grande Rei da glória, a saber, o Senhor Jesus Cristo — aquele que é, que era e que há de vir.

Mas antes do reinado do Grande Rei e da chegada do Reino de Deus em Sião, os povos da terra serão castigados e sofrerão nas mãos do anticristo na Grande Tribulação, isso devido às suas muitas maldades. Na verdade, quase todas as profecias bíblicas, proferidas pelos grandes profetas do Antigo Testamento, já se cumpriram.

Mas, como eu já disse acima, elas têm múltiplos e amplos sentidos e remetem a um vislumbre do futuro. Tamanha foi a profundidade da Palavra do Senhor, que veio aos seus servos, os profetas, que tomou amplas dimensões e direções, cumprindo-se no passado, mas também, ao mesmo tempo, predizendo o futuro e a vida eterna, além do tempo dos homens. Falo a verdade, sim, indubitavelmente, sim.

E a humanidade, que anda tão distraída e despreocupada, será pega de surpresa naquele dia e receberá o justo e merecido castigo.

Pois todos negam a verdade e se apegam à mentira; sim, a própria humanidade está desencadeando o Apocalipse, ou seja, o fim do mundo como nós o conhecemos; pois o orgulho do pó não o livrará no dia do Armagedom. Quem tem ouvidos para ouvir — ouça!

"Quem é injusto, continue na injustiça; quem é impuro, continue na impureza; quem é justo, continue praticando a justiça; e quem é santo, continue se santificando. Venho em breve e trago a recompensa, com a qual retribuirei a cada um segundo a sua obra." (Ap 22:11-12)

Eu já disse isso uma vez; porém, direi de novo, ressaltando mais uma vez: — *O nosso Benfeitor e Criador nos criou para ser o nosso Deus e o nosso Rei, e não para ser tratado como o nosso capacho!*

Quem é capaz de compreender os mistérios de Deus?

Nem os mais sábios conseguem ver o quadro todo.

Mas, para o mundo, a sabedoria do pobre é desprezada: *"Então pensei: Melhor é a sabedoria do que a força; porém a sabedoria do pobre é desprezada, e as suas palavras logo são esquecidas."* (Ec 9:16)

Sendo assim, quem me ouvirá? Porque quem está acima não se preocupará em inclinar os ouvidos para ouvir quem está abaixo.

Pois sei que estou em um nível bem mais baixo do que a maioria das almas na terra dos viventes. Por isso, às vezes, fico tentado a hesitar, isto é, a duvidar da minha obra. E como não ficaria?

Porque, se o sábio pobre é desprezado em sua sabedoria, muito mais eu, que além de ser pobre, não possuo nenhuma sabedoria.

Mas continuarei expondo a minha visão, mesmo que para o mundo seja uma grande loucura, mesmo que para os apologetas e teólogos seja uma grande heresia, mesmo que para a maioria da igreja moderna seja uma mensagem irrelevante de pouco interesse.

Pois a igreja corrompida dos últimos tempos gosta mesmo é de ouvir os profetas da Babilônia, que profetizam ilusões e mentiras.

Okay, se eles querem ilusão, deixem que se embriaguem de ilusão.

Eu, porém, continuarei expondo a verdade — isto é, a visão que Deus me mandou expor. Pois sei que esta obra não é minha, e sim de Deus. Se Deus me mandou lançar a rede outra vez, então eu lançarei outra vez a rede ao mar, na esperança de fisgar alguns peixinhos. E por que não dizer: na esperança de ganhar a mim mesmo para Jesus.

Porque também quero ser um dos sobreviventes do Apocalipse, ou seja, uma entre as muitas almas que guardaram a Revelação e se mantiveram íntegras, justas e fiéis na presença de Deus nos últimos dias. Porque, enquanto a igreja se corrompe cada vez mais, eu vigiarei para permanecer santo — embora eu saiba que, de santo, eu não tenho nada. Mas esta deve ser a minha busca diária: a santidade.

E o que é santidade?

Senão a separação do mundo e do pecado que nele há.

Não vou andar distraído e despreocupado como a humanidade anda — a passos largos para o abismo; como a igreja também está começando a andar. Mas vou fazer aquilo que o Mestre mandou:

"O que, porém, vos digo, digo a todos: vigiai!" (Mc 13:37)

Os dias são difíceis, o pecado está crescendo, a cobiça está a todo vapor, e muitos estão caindo nos braços da senhora tentação.

E a romântica senhora tentação, como já a chamava o compositor Cartola, é uma mulher muito sedutora, elegante, devassa e traiçoeira.

Depois que ela te seduz, ela te entrega nas mãos do inimigo.

"Irmãos, digo-vos, porém, isto: O tempo se abrevia. Assim, os que têm mulher vivam como se não tivessem; os que choram, como se não chorassem; os que se alegram, como se não se alegrassem; os que compram, como se nada possuíssem; e os que usam as coisas deste mundo, como se dele nada usassem, porque a forma deste mundo passa. Pois quero que estejais livres de preocupações." (1Co 7:29-32)

Sobreviver ao Apocalipse é resistir às tentações dos últimos dias e permanecer justo em meio a esta geração mundana e corrompida.

Está mais do que na hora de o corpo fazer a vontade da Cabeça, que é Cristo, e parar de se deixar arrastar pela cauda do Dragão.

Mas não é isso que está acontecendo; pelo contrário, o monstro Raabe, o Dragão e a sua comitiva estão passando pela avenida da perdição, e a igreja está seguindo o embalo da comitiva do engano.

Porque as coisas que o príncipe deste mundo oferece à igreja, de fato, são boas demais para serem recusadas nestes últimos dias.

O mundo sempre seguiu o seu príncipe, indo após ele, segurando a longa cauda do seu manto real, admirando a sua força e a sua glória; e a igreja, vendo a glória do mundo e do seu príncipe, está sendo tentada a trocar a glória de Deus pela glória do mundo e do príncipe.

Isso já começou a acontecer, e a tendência é piorar: cada vez mais a igreja está se rendendo à glória do mundo e de seu príncipe. Mas é claro que, como nos dias do profeta Elias, Deus está reservando para si um remanescente fiel, que não trocará a sua Glória pela glória do mundo e de seu príncipe. Eu também lutarei para fazer parte desse remanescente fiel, perseverando em seguir o Senhor Jesus até o fim.

"Mas deixarei sete mil em Israel: todos os joelhos que não se dobraram a Baal e toda boca que não o beijou." (1Rs 19:18)

Pois assim sucederá a todos os que rejeitam o verdadeiro Deus e a verdadeira Sabedoria: *"Então clamarão a mim, mas eu não responderei; ansiosamente me buscarão, mas não me encontrarão. Porque menosprezaram o conhecimento e rejeitaram o temor do Senhor, não aceitaram o meu conselho e desprezaram toda a minha repreensão. Portanto, comerão do fruto do seu caminho e se fartarão dos seus próprios conselhos. Porque o desvio dos tolos os matará, e a prosperidade dos loucos os destruirá. Mas quem me der ouvidos viverá seguro e estará tranquilo, sem medo do mal."* (Pv 1:28-33)

Quem serão os sobreviventes do Apocalipse?

Capítulo 02

Os dias são difíceis.

Mais de dois milênios se passaram depois da morte, da ressurreição e da ascensão do Senhor Jesus Cristo, e a igreja fundada pelos apóstolos na Judeia, entre os judeus, dando seguimento e difundindo-se a outros povos pela pregação e pelo trabalho do apóstolo Paulo, não parava de crescer. Na verdade, a igreja segue crescendo até os dias de hoje — e continuará crescendo até o fim.

Graças a Deus por isso, pelo crescimento do Reino de Deus.

Já faz um bom tempo: há mais de dois mil anos, o Eterno disse: *"Arrependei-vos, porque é chegado o Reino dos céus!"* (Mt 4:17)

Para o Eterno Descendente de Abraão, estes dois mil anos foram como dois dias; mas, para nós, meros mortais, dois mil anos é muito tempo. Contudo, para o Deus Eterno, que está além do tempo, isto é, que é atemporal, mil anos são como um dia, e um dia como mil anos. *"Mas, amados, não ignoreis uma coisa: que um dia, para o Senhor, é como mil anos, e mil anos como um dia."* (2Pe 3:8)

O que é demorado para o homem, para Deus é um piscar de olhos; por isso, muitos não acreditam mais na volta do Senhor Jesus.

Porque, desde que eram crianças, ouviam falar da volta de Cristo, e agora já estão velhos, e Jesus Cristo ainda não voltou. *"Antes de tudo, saibam que, nos últimos dias, surgirão escarnecedores, zombando e seguindo suas próprias paixões. Eles dirão: O que houve com a promessa da sua vinda? Desde que os antepassados morreram, tudo continua como desde o princípio da criação."* (2Pe 3:3-4)

Mas eu digo, com toda certeza, que, de fato, Cristo voltará — e a sua volta está mais próxima do que nunca. Falo a verdade, mas não por mim mesmo: é o Espírito Santo do Senhor quem está clamando. Ouça a voz de Deus! Se você ainda não está preparado, prepare-se!

Estamos no fim dos tempos. Estamos na era do Apocalipse.

Estamos nas páginas finais do livro, e a mão de Deus está prestes a pôr um ponto final na velha e depravada história do mundo.

Para dar início a uma nova história que durará para sempre.

As primeiras coisas em breve irão passar; depois disso, Deus fará novas todas as coisas. Maranata! Que assim seja! Vem Senhor Jesus!

Está escrito: *"Tenham cuidado com a maneira como vocês vivem; que não seja como insensatos, mas como sábios, aproveitando ao máximo cada oportunidade, porque os dias são maus."* (Ef 5:15,16)

De fato, os dias são maus e difíceis.

Mas eu pergunto: se naquela época em que Paulo vivia ele dizia que os dias eram maus, imagine se ele vivesse nos dias de hoje?

Nestes últimos dias, tem sido difícil ser um crente fiel.

Isso se deve ao rumo que o mundo tomou e continua tomando.

Mas o Senhor falou acerca das aflições desta vida e nos confortou quando disse estas palavras: *"Neste mundo vocês terão aflições; contudo, tenham ânimo! Eu venci o mundo."* (Jo 16:33)

Ele nunca disse que seria fácil; pelo contrário, afirmou que a porta da Vida é estreita e também que o Caminho seria apertado.

Mas Ele também prometeu que estaria conosco até o fim:

"E eu estarei sempre com vocês, até o fim dos tempos." (Mt 28:20)

Quando o esplendor da Glória do Deus Bendito surgir acima das nuvens do céu, todos os olhos verão: tanto os que estão no Brasil como os que estão no Japão, tanto os que estão no paraíso como os que estão no inferno. Herodes, Anás, Caifás, Barrabás, Pôncio Pilatos, Jezabel, mulher de Acabe, Judas Iscariotes, os soldados que o espancaram, os soldados que colocaram uma coroa de espinhos sobre a sua cabeça, os soldados que o ultrajaram, os soldados que o crucificaram — todos estes verão a vinda gloriosa do Senhor da glória. Nenhum olho escapará da visão do Deus Todo-Poderoso; todos verão. Muitos glorificarão, mas muitos, ainda mais, se lamentarão naquele dia, no dia da revelação do único Deus Criador.

Eu, porém, vou querer estar entre os que estiverem glorificando.

Por isso, mais uma vez direi: Aleluia! Vem, Senhor Jesus!

Desde a fundação do mundo, o momento mais esperado era o surgimento do Messias; desde a morte, a ressurreição e a ascensão do Senhor Jesus Cristo, o momento mais esperado é a volta de Jesus.

Jesus está voltando; não seja como uma das cinco virgens insensatas, não deixe faltar o azeite na sua lâmpada, porque Ele virá como um ladrão, num momento em que ninguém estiver esperando.

"Eis que venho como ladrão!" (Ap 16:15)

Ele virá como um ladrão, isto é, de surpresa; seja na tua morte ou seja no soar da trombeta. Jesus virá — é inevitável a sua volta; mas Ele não mais virá como um Cordeiro, e sim como um Leão feroz.

O Grande Dia do Deus Todo-Poderoso virá, e virá com chamas de fogo. *"Mas o Dia do Senhor virá como o ladrão de noite, no qual os céus passarão com grande estrondo, e os elementos, ardendo, se desfarão, e a terra e as obras que nela há se queimarão."* (2Pe 3:10)

Um será tomado e o outro deixado; as multidões ficarão perplexas, os povos ficarão em pânico, pois o terror cairá sobre suas cabeças. Eles fugirão envergonhados diante da face do Altíssimo, mas não poderão se esconder por muito tempo, porque o tempo da vingança e do juízo chegará para todos. A Babilônia cairá, com todos os seus prazeres e luxúrias. A própria besta se voltará contra a grande prostituta e devorará a sua carne. *"A besta e os dez chifres que você viu odiarão a prostituta. Eles a levarão à ruína e a deixarão nua, comerão a sua carne e a destruirão com fogo..."* (Ap 17:16)

Ou seja, o próprio anticristo levará o mundo à ruína total. Será o fim do reino do homem — o fim do mundo como nós o conhecemos; nada será como antes, pois o Reino de Deus será estabelecido na terra. Por mil anos o grande e justo Rei reinará, antes do juízo final.

(Sei que estou sendo repetitivo, mas falo estas coisas porque elas precisam ser ditas, porque o Senhor Jesus quer que eu as fale.)

— O que virá depois do Armagedom?

Isso a mente humana não pode contar, nem tampouco imaginar.

Será como uma nova cor, com uma tonalidade que o homem jamais viu; uma nova cor com um tom que o Criador não revelou ao homem nem ao mundo. Será algo que está além da criação da matéria, porque o que Deus tem preparado para aqueles que o amam é algo indescritível. Por isso, mais uma vez, eu repito: *"As coisas que o olho não viu, e o ouvido não ouviu, e não subiram ao coração do homem são as que Deus preparou para os que o amam."* (1Co 2:9)

Vou fazer as minhas malas e aguardar ansiosamente a volta do meu Salvador; não quero ser deixado para trás. Estou entusiasmado como jamais outrora estive, olhando para o alto com os olhos fixos no céu e com os ouvidos atentos para ouvir o soar da trombeta.

Maranata! Vem, Senhor Jesus! Vem, porque a tua noiva te ama; vem, porque a tua noiva te espera; vem buscar a tua amada que suspira de amor por ti. Ó Amado nosso — Senhor meu e Deus meu.

"Beije-me ele com os beijos da sua boca, porque melhor é o seu amor do que o vinho. Para cheirar são bons os teus unguentos; como unguento derramado é o teu nome; por isso, as virgens te amam. Leva-me tu, correremos após ti. O rei me introduziu nas suas recâmaras. Em ti nos regozijaremos e nos alegraremos; do teu amor nos lembraremos mais do que do vinho; os retos te amam." (Ct 1:1-4)

Os atalaias estão bradando pelas ruas da grande Cidade; os mensageiros da paz continuam anunciando a volta do Senhor.

Todos os ouvidos já ouviram, todos já estão sabendo, estão bem informados acerca da volta do Messias. Não há inocentes; ninguém pode dizer que não ouviu a pregação. Por isso, a culpa recairá sobre a cabeça de cada um que ouviu, mas não atentou. Pelo contrário, desprezaram a pregação e zombaram da Palavra viva anunciada.

Não há inocentes dentro dos muros altos da grande Babilônia!

Porque todos, do maior ao menor, já sabem quem é o verdadeiro Deus na terra dos viventes. *"Sim, por certo, pois por toda a terra saiu a voz deles, e as suas palavras até aos confins do mundo."* (Rm 10:18)

Sim, há muito tempo o Senhor enviou os seus servos para anunciar o evangelho, e o evangelho foi anunciado, continua sendo anunciado e continuará sendo anunciado até a volta do Senhor da Glória.

Quem quiser crer e ser salvo, aproveite a oportunidade, porque a graça de Deus é para todos; de fato, para todos — sem exceção.

A salvação é para todos; o Sangue foi derramado em favor de todos; a Fonte da Água Viva é para todos — para todas as almas que têm sede, que creem e desejam Jesus como seu Senhor e Salvador.

Jesus não irá decepcionar essas almas: aquelas que amam a paz, a verdade e a luz, que desejam o descanso eterno e que querem viver na presença de Deus. Deus conhece as almas que O amam em verdade; por isso, jamais lhes tirará a sua parte no Seu Reino eterno de paz, de alegria, de amor e de vida — de vida eterna. Pois o Bom Pastor é Fiel: Ele conduz o rebanho mansamente, preocupa-se com as ovelhas do Seu pasto, cuida das cansadas, sara as feridas e fortalece as fracas; porque Ele ama o rebanho e não quer perder nenhuma ovelhinha.

Pelo contrário, Ele deseja conduzir todas aos pastos verdejantes e vê-las descansando junto às águas tranquilas, sossegadas e protegidas, bem longe da boca do lobo. Os dias são difíceis, de fato; manter-se íntegro e fiel neste mundo que jaz no maligno não é fácil.

As tentações são muitas, os prazeres da Babilônia enchem os olhos e inflamam a carne. Mas vai valer a pena resistir às tentações e, com constância, perseverar em seguir o Senhor Jesus Cristo, dizendo não ao mundo e ao pecado. Porque o nosso Deus é Fiel e Maravilhoso, e maravilhoso será viver eternamente em Sua maravilhosa Presença.

Bem-aventurados são aqueles que buscam a face de Deus.

Bem-aventurados somos nós — que cremos no evangelho.

Oro para que Deus fortaleça os meus irmãos em Cristo; oro para que resistam às tentações do Tentador e do mundo, para que não retrocedam, para que não se curvem diante de Baal, mas sejam valentes como Gideão e íntegros como Jó. Oro para que tenham a fé de Abraão e a confiança de Davi; que aprendam a amar como o pescador João e sigam o exemplo de Paulo, para que consigam alcançar a coroa da vida. Que Deus ajude e se compadeça de todos os meus irmãos em Cristo, e que o Senhor prepare os meus irmãos para o dia das bodas do Cordeiro. Porque os dias são difíceis, de fato; por isso o Mestre disse que os últimos seriam os primeiros, pois as dificuldades para andar nas veredas da justiça e da retidão, nestes últimos dias, são bem maiores do que no passado, quando o mundo não brilhava tanto, quando as coisas eram bem mais simples.

Mas eu acredito que ainda há um remanescente fiel no meio desta geração débil e insensata, que andará de branco com Jesus Cristo.

Sim, creio que ainda restam alguns sobreviventes.

Uma minoria que não sujou as suas vestes com as imundícias deste mundo pagão — muito pelo contrário, nos momentos difíceis, quando tropeçaram, correram para se humilhar aos pés do Senhor.

Por isso o Senhor os fortaleceu e lhes concedeu o perdão, a graça, a misericórdia e o livramento. O Tentador se enfureceu ao ver a alma pecadora se converter dos seus maus caminhos; ele tentou desviá-la, apontando-lhe um mundo de prazeres carnais. Mas ela ficou firme e não cedeu às tentações do Tentador; então o Tentador ficou furioso, bateu as suas asas negras e saiu para tentar desviar outra alma para o inferno. O Tentador tentou se aproximar de outra alma, que estava fraca e desanimada; mas, de repente, veio do céu um anjo enviado por Jesus, que repreendeu o Tentador e o mandou para o abismo.

E não teve como o diabo resistir — pois Deus havia dado a ordem.

"E rogavam a Jesus que não os mandasse para o abismo." (Lc 8:31)

Isso aconteceu porque houve uma alma que, entrando em seu quarto, se ajoelhou e começou a orar com fervor ao Senhor. Ela orava e intercedia pela vida dos crentes, e Deus ouviu a sua oração e repreendeu aquele espírito maldito, que estava faminto para desviar uma vida da luz para as trevas, para depois atormentá-la no inferno.

Porém, enquanto um demônio descia, outros subiam; pois havia almas que abriam a janela do abismo para que eles pudessem subir.

Isso por causa do pecado, da rebeldia, da desobediência, da inveja, da violência, das feitiçarias, das adorações aos falsos deuses, das invocações dos cultos satânicos, da maldade, da idolatria, do ódio, da mentira, da incredulidade, da cobiça, do ego, da ganância, enfim.

Os dias são difíceis, são muitas as tentações; a ambição e a cobiça só aumentam, isso porque os prazeres do mundo não param de se multiplicar. Um coração depressivo e frustrado, quando começa a se embriagar, não quer mais voltar para a realidade; por isso ele vira a noite buscando novas fórmulas e várias formas de entorpecimento.

Vazio, vazio, vazio, ele sente um grande vazio, mesmo cercado por todos os lados por pessoas contentes e eufóricas. Mas ele temeu tanto voltar à sua triste realidade que acabou se afundando mais e mais no álcool e nas drogas, e acabou sofrendo uma overdose; seu coração não aguentou o baque e parou de bater, e a sua vida vazia continuará ainda mais vazia na eternidade, longe da face do Criador.

Porque ele tinha um vazio no peito que só podia ser preenchido por Deus, o seu Criador; mas ele não deu oportunidade para Deus entrar e salvá-lo — e olha que Deus tentou ajudá-lo, porém, ele não quis. Deus o chamou muitas vezes pelo evangelho, mas ele endureceu o coração e disse "não" a Jesus. Os dias são difíceis, mas Jesus disse:

"Eis que estou à porta e bato; se alguém ouvir a minha voz e abrir a porta, entrarei em sua casa e com ele cearei, e ele, comigo." (Ap 3:20)

Não há convite mais fiel e mais verdadeiro do que esse.

Vencer o mundo e o inferno sozinho é impossível, não dá, nem sonhando; precisamos do Deus Todo-Poderoso como aliado para poder vencer a batalha da vida. Só com Cristo nós venceremos.

Xeque-mate: Satanás continua perdendo feio para Jesus, porque os planos de Deus seguem triunfando e não podem ser frustrados.

Por isso ele se levanta irado para atacar a igreja; mas, quanto mais ele ataca, mais a igreja cresce e se fortalece — não estou falando das instituições religiosas, estou falando da Igreja. Os sobreviventes exaltam e glorificam o Deus Bendito com seus frutos, e Deus se saboreia e se alegra com os frutos dos seus filhos. Os dias são difíceis, mas há muitos guerreiros que permanecem firmes, usando o capacete da salvação, a couraça da justiça, a espada do Espírito e o escudo da fé — a armadura de Deus. Eles avançam contra as legiões infernais, e o inferno recua e foge para as trevas. Mas a batalha é contínua e diária, pois o inimigo é persistente e não aceita se dar por vencido, embora já esteja derrotado. Mas aquele que perseverar até o fim, aquele que sobreviver ao Apocalipse, aquele que mantiver suas vestes brancas neste mundo sujo, nestes últimos dias de apostasia, este se assentará na grande mesa que já está preparada no Céu dos céus para os vencedores, que beberão do vinho novo no Reino de Deus.

Capítulo 03

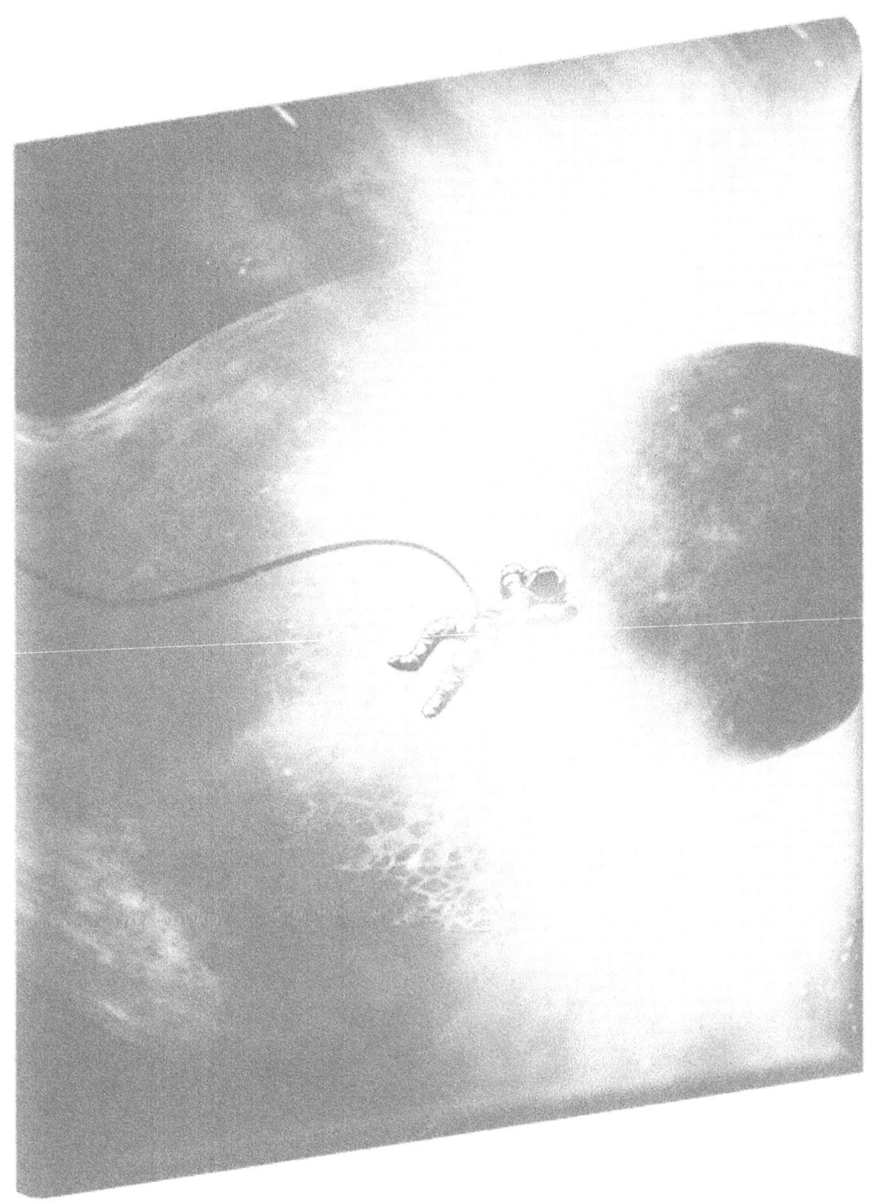

Vidas ao léu, almas à deriva.

Na selva de concreto, onde a lei do mais forte prevalece, seres humanos piores do que os animais selvagens se atacam; com unhas e dentes se mordem e se arranham — se esquecem de ter misericórdia.

Como alcançarão misericórdia no dia da calamidade?

Se eles não conseguem demonstrar misericórdia nem a um cão, muito menos pelos seres de sua própria espécie. *"Bem-aventurados os misericordiosos, porque eles alcançarão misericórdia..."* (Mt 5:7)

Quando ela nasceu, ainda um bebê, era uma alma pura e inocente; não conhecia o mal, não sabia o que era ter ódio ou rancor, não sabia guardar mágoa — só pensava em brincar e em ser feliz.

Mas, conforme foi crescendo e aprendendo com o mundo, a sua inocência foi se apagando do seu coração, como uma borracha apaga os rascunhos de um lápis. Ela não se lembrava mais da humildade que tinha quando ainda era uma criança simples, dócil e meiga.

Porque as engrenagens que fazem o mundo girar mudaram sua cabeça e contaminaram o seu coração puro; o diabo conseguiu fazê-la entrar no seu jogo, conseguiu fazê-la amar o seu mundo, conseguiu fazê-la desacreditar de Deus e, com isso, ganhou mais um escravo.

Ou seja, o Enganador conseguiu enganar mais uma alma entre as muitas almas enganadas, acorrentadas e condenadas pelo seu plano sujo e cheio de mentiras. O mundo é mau, o mundo jaz no maligno.

De fato, a humanidade, em sua maioria, se esqueceu do Deus Criador; por isso o diabo faz o que quer com o mundo e com as pessoas. Mas, quando uma alma ouve o evangelho e aceita o Senhor Jesus como o seu Senhor e Salvador, as correntes de Satanás são quebradas, a escuridão que a cercava é dissipada pela luz de Deus, e ela, que não enxergava, passa a enxergar a verdade. Simples assim.

"E conhecereis a verdade, e a verdade vos libertará." (Jo 8:32)

A verdade é Jesus Cristo, o Filho de Deus, o Deus Filho.

A misericórdia está com Ele; em outro não há salvação.

Tudo que está fora do Senhor Jesus Cristo é superstição e ilusão.

Não estou sendo exagerado, estou sendo verdadeiro.

O Senhor é simples e humilde de coração, mas o homem complica muito as coisas, isso devido à sua vaidade e à sua grande arrogância.

É a criatura querendo saber mais que o Criador — ou melhor — é o pó querendo ser maior que Deus. *"Vede, isto tão somente achei: que Deus fez ao homem reto, mas ele buscou muitas invenções."* (Ec 7:29)

As almas envelhecem juntamente com seus corpos, mas a diferença entre o corpo e a alma é que o corpo morre e retorna ao pó; a alma, porém, continua viva nas entranhas da terra, em um lugar que Deus preparou para os mortos antes mesmo de criar o mundo, ou seja, o paraíso ou o inferno. O pó retorna ao pó, mas a alma segue em frente em outro plano, fora deste plano terreno; mas a maioria das pessoas ignora essas coisas por completo e morre sem saber para onde vai.

Quando são jovens, com seus corpos sarados e saudáveis, elas só pensam em namorar e em curtir as coisas boas e prazerosas da vida.

É compreensível, pois são jovens e imaturas; por isso pensam que irão viver para sempre, já que, na cabeça dessas almas jovens e imaturas, seus corpos nunca irão adoecer a ponto de morrer. Mas não é apenas isso: elas também ignoram os acidentes e os infortúnios.

Pois, para elas, é como se a morte fosse um mito — algo que jamais se passa em suas imaginações; seus sonhos são muitos e não dão lugar a outras preocupações que não estejam nos seus projetos.

Pobres corações jovens e cheios de sonhos e de ilusões.

Mas o tempo lhes mostrará a verdade, e as rugas juntamente com as dores do corpo revelarão que estavam completamente enganados.

E muitos, mesmo estando com a idade avançada, carregando várias enfermidades em seus corpos velhos e debilitados, ainda assim mantêm os seus corações endurecidos e não se lembram de Deus, seu Criador. Pois, quanto mais velhos ficam, mais arrogantes se tornam.

Eles não se arrependem dos seus muitos erros e pecados que cometeram na juventude, não fazem nenhuma reflexão sobre a vida, nem tampouco sobre a morte, mesmo estando ela tão próxima.

Ignoram suas maldades, porque muitos ainda se iludem e pensam que jamais passarão pela morte. Isso sim é uma grande ilusão do pó.

Mesmo já estando velhos, doentes e cansados, eles se iludem e não se lembram de Deus, nem se preocupam com o que virá depois, quando seus corpos frágeis expirarem — quando o pó voltar ao pó.

São muitas vidas ao léu, muitas almas à deriva; elas pensam que estarão seguras ignorando a verdade, mas, quando menos esperam, a calamidade chega e recai sobre suas cabeças velhas e despreocupadas.

E a alma que pensava estar segura em casa, sossegada e abrigada numa noite fria de inverno, de barriga cheia sobre a sua cama macia, coberta com seu edredom quentinho, da noite para o dia, como num piscar de olhos ou num estalar de dedos, vê tudo mudar de repente.

E a sua cama cheirosa e macia se transforma em uma cama de vermes, e ela só consegue ver chamas ao seu redor: chamas ardentes na escuridão, chamas do inferno — demônios e gritos de desespero.

Porque o pó retornou ao pó, mas a alma seguiu o seu curso e foi levada ao mais profundo abismo, onde os raios do sol da manhã não podem penetrar e onde o breu é tão denso que chega a ser palpável.

Vidas ao léu, almas à deriva; sobre a superfície da terra, debaixo de um lindo céu azul com nuvens brancas, cercadas pelas flores da primavera, ao som dos cânticos dos pássaros, as partículas de poeira fazem planos, sonham intensamente e se recusam a acordar para a realidade. Não conseguem perceber o peso do pó, mesmo carregando muitas mazelas em suas vidas enfermas — mazelas do pó; dores e doenças que penetram em seus ossos e inflamam os seus corpos. O mundo jaz na escuridão, e o bom senso afogou-se no mar da ilusão.

Porque o homem se esqueceu de Deus — a única Fonte da vida.

São muitas as mazelas do homem feito do pó da terra; mas as almas não percebem os sinais de Deus e seguem a vida como se Deus não existisse, aumentando cada vez mais a medida dos seus pecados e das suas maldades. E não sabem que: *"Perto está o Senhor."* (Fl 4:5)

Quando tudo acabar, será tarde demais para o coração insensato; não haverá mais vida nem paz. *"O temor do Senhor é o princípio da ciência; os loucos desprezam a sabedoria e a instrução."* (Pv 1:7)

Jesus está voltando, isso é mais do que certo, mas os sobreviventes do Apocalipse são poucos; porém, o número dos que vão descendo à Sepultura é incontável, os mortos se multiplicam dia após dia.

Vidas ao léu, almas à deriva. A humanidade está em uma grande embarcação, à deriva na imensidão do mar; como aconteceu ao Titanic, assim também acontecerá à humanidade, mas não haverá nenhum bote salva-vidas. A diferença é que os tripulantes do Titanic não sabiam que havia um iceberg à sua frente, que causaria a sua ruína; entretanto, a humanidade sabe muito bem que há um iceberg à sua frente, e que o navio da perdição afundará; mas mesmo assim ignora os fatos e segue brindando a vida com suas taças de vinho na mão. Com um sorriso de falsidade em seus rostos despreocupados, eles se entreolham e fingem que tudo está bem, às mil maravilhas; mas nada está bem — não para aqueles que continuam negando a salvação do Autor da vida, o Deus Bendito e Eterno, o Senhor Jesus.

Os sobreviventes são poucos, comparados aos que vão descendo à Sepultura. Multidões, multidões e mais multidões no vale da indecisão, como ovelhas desgarradas sem pastor, se embrenharam na floresta nebulosa, cheia de lobos devoradores ávidos por destruir.

Se recusaram a ouvir a voz do Pastor, pensaram que podiam andar sozinhas; agora estão perdidas e não conseguem mais encontrar o Caminho. Estão correndo risco de vida, contudo não sabem disso.

Mas ela, a ovelha prudente, a alma sensata, não dá um passo sem a direção do seu bom Pastor; pois se lembra dos dias em que andava desgarrada, quando estava perdida longe do grande e amável Pastor.

Era uma vida ao léu e uma alma à deriva, alguém que andava no devaneio, iludindo-se na roda gigante do grande parque de diversões do mundo; perdida entre as muitas almas que caminhavam sem rumo e sem direção — despreocupadas pelo vale da sombra da morte, com seus ouvidos voltados ao som de uma melodia profana e infernal.

Mas ela ouviu uma voz que se sobrepôs às canções cantadas pelo coral das trevas: a voz do seu Pastor, do seu Salvador Jesus Cristo.

Então, guiada pela voz do Salvador do mundo, ela desceu da roda gigante do grande parque de diversões do mundo e tapou os seus ouvidos para nunca mais ouvir as canções hipnóticas e mentirosas do inferno, que a estavam levando à perdição eterna, ao abismo do caos.

O bom Pastor a tirou do meio dos mortos e do vale da sombra da morte e iluminou seus caminhos; Ele a livrou do tormento do inferno e passou a conduzir os seus passos pela estrada que vai para Sião.

Ela aceitou a grande salvação do Salvador, rejeitando assim as mentiras do maligno e ouvindo apenas a voz que vinha do seu Deus.

Hoje, ela é uma ovelha grata pela grande salvação que recebeu de Deus; agora é uma sobrevivente, uma alma bem-aventurada que viverá para sempre no Reino Real de Deus, o Grande Rei da Glória.

Mas, infelizmente, a ovelha sensata é uma entre mil, uma pequena minoria de sobreviventes, que não chega nem perto em números das multidões dos mortos que vão descendo à Sepultura — isto é, à escuridão do inferno. *"E morreu também o rico e foi sepultado. E, no inferno, ergueu os olhos, estando em tormentos..."* (Lc 16:22,23)

Observando bem, eu vejo as almas distraídas à beira do precipício, preocupadas com seus problemas diários, cansadas e fatigadas de tanto trabalhar — almas que, espiritualmente, são analfabetas.

Ou seja, ignorantes no tocante às coisas relativas a Deus.

Elas conversam umas com as outras e dão risadas, contam histórias do seu dia a dia e aparentam ser almas felizes. Mas, na verdade, são almas infelizes, porque não conhecem a verdadeira vida e nem fazem menção de conhecer. Estão cheias de mazelas em seus corpos, seguindo ao léu e à deriva, sem saber o que as espera no futuro. É triste, pois são como ovelhas sem entendimento, que não saberão o que fazer no dia da calamidade — quando o Lobo atacar.

Vidas ao léu, almas à deriva.

Elas já ouviram o evangelho, mas endureceram o coração.

Não fizeram como a vendedora de púrpura chamada Lídia, que atentava para a pregação de Paulo; pelo contrário, endureceram seus corações e não deram lugar ao Espírito Santo, que poderia tocar em suas vidas, como tocou na vida daquela mulher chamada Lídia.

"E uma certa mulher, chamada Lídia, vendedora de púrpura, da cidade de Tiatira, e que servia a Deus, nos ouvia, e o Senhor lhe abriu o coração para que estivesse atenta ao que Paulo dizia." (At 16:14)

A maioria das almas diz que é de Deus, mas, se realmente elas fossem de Deus, fariam como Lídia, que aceitou o evangelho de coração aberto, em verdade e com sinceridade. Mas, de fato, todo aquele que não aceita o evangelho e o Senhor Jesus Cristo como seu Senhor e Salvador está ao léu e à deriva. E isso é muito triste.

Capítulo 04

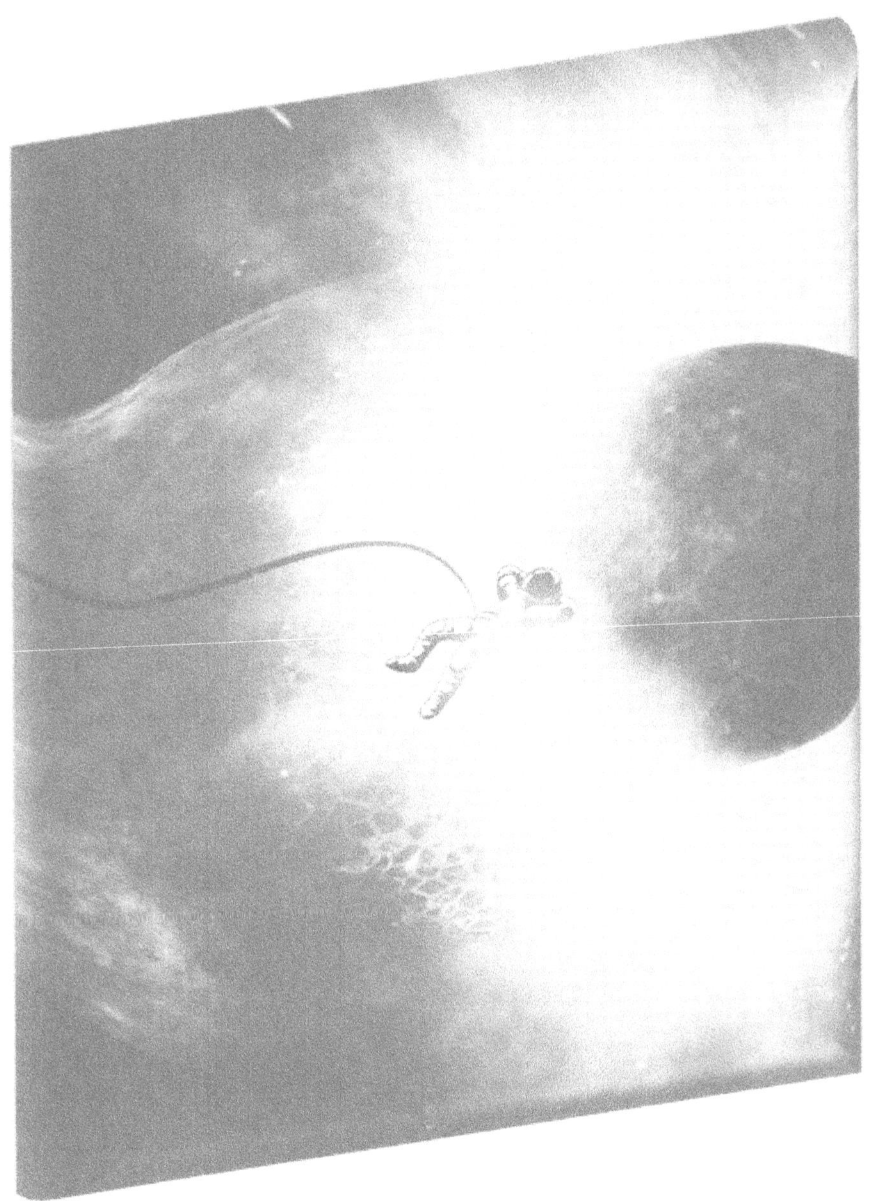

Vidas ao léu, almas à deriva.

(Parte 02)

●Parte 02

Ela se entretém e se emociona; sorri e também chora; sente prazer e também sente dor; sente alegria e também sente tristeza; sente amor e também sente ódio; quer o bem, mas também quer o mal; às vezes tem saúde e às vezes tem doença; sente ânimo e também sente desânimo; fica nervosa e também fica calma; às vezes é forte, mas também às vezes é fraca; às vezes briga e às vezes apazigua; tem bondade, mas também tem maldade; ela tem sentimentos, tem medo, tem sonhos, tem vontade, tem escolha, tem falhas, tem defeitos, tem fé, tem esperança, tem ternura e tem raiva; ela é uma alma que precisa de Deus, que não pode continuar vivendo ao léu e à deriva. Certo dia, ela sentiu uma forte dor no coração, mas não era a dor de um ataque cardíaco: foi alguém muito querido para ela que, infelizmente, havia partido desta vida — algo que sobrevirá a todos.

Diante do corpo sem vida, a gama de sentimentos, de tristezas, de dores e de emoções que ela experimentava no velório, ao lado da pessoa amada, era algo impossível de descrever; somente a alma que está sofrendo conhece a sua dor, sua tristeza e seu pesar.

Em sua memória, as lembranças dos momentos de alegria que passaram juntas, os detalhes das lembranças, eram constantes em seus pensamentos. A saudade vai lhe incomodar por muitos dias, mas com o tempo vai passar, e as feridas abertas certamente irão cicatrizar. Porque a vida é como aquela música do Nelson Ned:

— *Mas tudo passa, tudo passará. E nada fica, nada ficará...*

E, de fato, tudo passou, e a saudade também ficou para trás.

Mas ela não aprendeu nada com a morte da pessoa que tanto amava; não se tocou de que a vida do homem é como um sopro, nem se lembrou da fraqueza do corpo; não percebeu o quanto a vida é vulnerável e que, para morrer, basta estar vivo. Pelo contrário, se apegou ao ditado que diz: "Aproveita a vida, porque a vida é curta."

●Parte 02

Continuou vivendo e seguindo em frente com suas muitas preocupações e cuidados da vida mundana, seus sonhos egoístas, seus planos fúteis, seus projetos ambiciosos, enfim. Ela presenciou a morte, mas não se preocupou com ela — não pensou no que viria depois. Não se preocupou em se preparar para o dia da sua morte, não se preocupou com o que havia acontecido à alma da pessoa que ela tanto amava, nada indagou, tampouco se perguntou a si mesma:

— *Para onde será que ela foi? Será que ainda vive em outro lugar?*

Não, ela continuou vivendo como se tudo terminasse aqui.

Na verdade, ela não acreditava nem no céu nem no inferno, nem em Deus nem no diabo; mas o curioso é que, no dia do enterro do amor da sua vida, junto com o padre e com as outras pessoas presentes, ela rezou um Pai-Nosso e fez o sinal da cruz; e, depois de sete dias, participou da missa de sétimo dia em memória do finado.

Era algo muito controverso da parte dela não acreditar na vida após a morte, pois, ano após ano, no Dia de Finados, ela acendia uma vela para iluminar as almas que estavam do outro lado, no além. Mas não se preocupava com o que iria acontecer consigo mesma no além. E, por isso, continuava vivendo como todo mundo vive: negando a Deus e a salvação que só há no Senhor Jesus Cristo.

Ela já havia ouvido falar sobre a fé em Cristo, sobre o pecado, sobre o castigo eterno, sobre a salvação e sobre a perdição da alma.

Mas, pelo visto, não dava muito crédito ao evangelho.

E, por isso, continuava vivendo como todo mundo vive: negando a Deus e a salvação que só podemos alcançar por meio do evangelho do nosso Salvador Jesus Cristo. Ela carregava dentro do coração uma falsa esperança de que tudo iria dar certo no final, seja nesta vida ou na outra, no além. E, por isso, não via problema nenhum em viver no pecado, longe da vontade de Deus e longe da verdade.

Mas Deus não nos deixa sem direção, pois assim está escrito:

"Porque a ocasião de começar o juízo pela casa de Deus é chegada; ora, se primeiro vem por nós, qual será o fim daqueles que não obedecem ao evangelho de Deus? E, se é com dificuldade que o justo é salvo, onde vai comparecer o ímpio, sim, o pecador?" (1Pe 4:17-18)

Mas isso não assusta as almas mundanas, pois elas só pensam nas coisas desta vida e se recusam a acreditar na Palavra da verdade, isto é, no evangelho. Recusam-se a acreditar que a vida continuará além deste plano terreno; recusam-se a acreditar no plano espiritual, ou seja, naquilo que está além deste mundo. São vidas ao léu e almas à deriva, porque vivem errando e insistem em continuar errando.

Mas as almas que amam o mundo serão condenadas, e o justo julgamento de Deus será este: *"E a condenação é esta: que a luz veio ao mundo, e os homens amaram mais as trevas do que a luz, porque as suas obras eram más. Porque todo aquele que faz o mal aborrece a luz e não vem para a luz, para que as suas obras não sejam reprovadas. Mas quem pratica a verdade vem para a luz, a fim de que as suas obras sejam manifestas, porque são feitas em Deus."* (Jo 3:19-21)

Não sou um pregador da morte, sou um pregador da verdade; assim como a vida é real, a morte também é real. É uma grande insensatez tentar tapar o sol com uma peneira; é uma grande ilusão fingir que a morte não existe; é um grande erro alimentar falsas esperanças, acreditando que tudo ficará bem no além, se neste plano terreno a pessoa não fizer a sua parte. De fato, é uma grande ilusão.

— *Mas qual é a parte que cabe a cada alma fazer?*

A parte de cada alma é crer no evangelho e aceitar o Senhor Jesus como o seu Salvador: em verdade e sinceridade, em justiça e retidão, em integridade e piedade, na fé, no amor, na pureza e na esperança em Deus, o Criador. Ora, fazer a vontade de Deus não é um peso.

●Parte 02

Fazer a vontade de Deus é ser justo, porque Deus é justo.

"E os seus mandamentos não são pesados." (1Jo 5:3)

Caso contrário, se a alma rebelde e insensata não quiser aceitar a verdade e a salvação de Deus, que é o Senhor Jesus Cristo, a morte e o além serão uma experiência aterrorizante para ela — realmente.

Não estou falando nas entrelinhas, estou sendo bem explícito.

Repito: não sou um pregador da morte, sou um pregador da vida.

Mas não prego a vida passageira que este mundo conhece; prego a verdadeira vida que está em Deus e vem de Deus — vida esta que não acaba neste plano terreno, mas continua por toda a eternidade.

"Disse-lhe Jesus: Eu sou o caminho, e a verdade, e a vida." (Jo 14:6)

Porque, de fato, alguém precisa pregar a verdade, e não somente superstição e ilusão, ainda que, para muitos, a verdade não seja nada bela; mas, para os que amam a verdade, ela será sempre bela.

"Disse-lhe Jesus: Eu sou a ressurreição e a vida; quem crê em mim, ainda que esteja morto, viverá; e todo aquele que vive e crê em mim nunca morrerá. Crês tu isto?" (Jo 11:25-26)

Contudo, a humanidade supersticiosa evita falar da morte, crendo que assim não irá respirar os seus ares; isso porque é supersticiosa e porque tem medo do que virá depois, no além — além deste mundo.

Mas, se as almas supersticiosas temem tanto a morte, então por que não correm atrás da verdadeira salvação, antes que seja tarde?

Vidas ao léu, almas à deriva.

Pra que se iludir tanto neste mundo passageiro?

Porque, assim como aconteceu ao reino de Tiro, assim também acontecerá à glória deste mundo: *"Os navios de Társis eram as tuas caravanas, por causa do teu negócio; e te encheste e te glorificaste muito no meio dos mares. Os teus remeiros te conduziram sobre grandes águas; o vento oriental te quebrantou no meio dos mares.*

●Parte 02

As tuas fazendas, as tuas feiras, o teu negócio, os teus marinheiros, os teus pilotos, os que consertavam as tuas fendas, os que faziam os teus negócios e todos os teus soldados que estão em ti, juntamente com toda a tua congregação que está no meio de ti, cairão no meio dos mares no dia da tua queda." (Ez 27:25-27)

As grandes nações, com suas muitas riquezas, afundarão no caos, mas Sião subsistirá para sempre. Digo a verdade, doa a quem doer:

O fim do mundo como nós o conhecemos está próximo.

Porque, para as nações poderosas e orgulhosas do mundo, tudo o que lhes restará é isto: *"Quando as tuas mercadorias eram exportadas pelos mares, fartaste a muitos povos; com a multidão da tua fazenda e do teu negócio, enriqueceste os reis da terra. No tempo em que foste quebrantada nos mares, nas profundezas das águas, caíram os teus negócios e toda a tua congregação no meio de ti. Todos os moradores das ilhas foram cheios de espanto por tua causa; e os seus reis tremeram em grande maneira e foram perturbados no seu rosto. Os mercadores dentre os povos assobiaram sobre ti; tu te tornaste em grande espanto, e nunca mais serás para sempre."* (Ez 27:33-36)

Mesmo sabendo que não há futuro nem esperança para o pó, as vidas ao léu e as almas à deriva seguem delirando e se orgulhando do seu mundo feito de papel machê, que, com a tempestade, se dissolverá como um castelo de areia. Mas a morada eterna, de fato, será eterna — seja na luz ou seja nas trevas: *"E eu vos digo: granjeai amigos com as riquezas da injustiça, para que, quando estas vos faltarem, vos recebam eles nos tabernáculos eternos."* (Lc 16:9)

Vidas ao léu, almas à deriva: é uma grande ilusão amar a mentira e as trevas, e uma grande loucura seguir um anjo caído e derrotado.

São poucos os sobreviventes do Apocalipse.

Capítulo 05

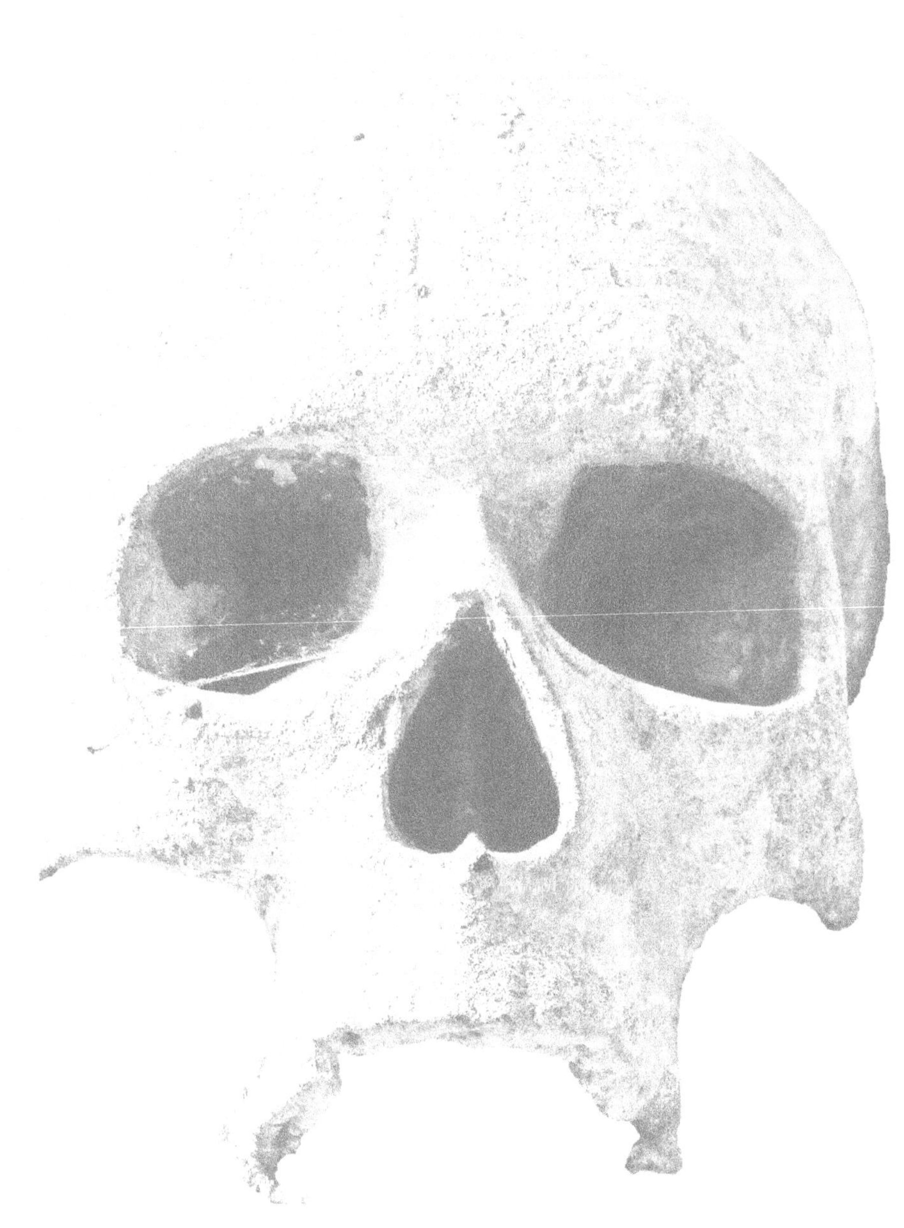

O princípio das dores.

Terremotos, tsunamis, tempestades, guerras, calamidades, nação contra nação, reino contra reino, a luz contra as trevas, doenças, sede, fome, pragas, epidemias, caos, as mazelas do pó, enfim.

"Estas coisas são o princípio das dores." (Mc 13:8)

Tudo isso já aconteceu, continua acontecendo e continuará acontecendo, até que venham coisas piores na Grande Tribulação.

Naquele dia, a humanidade que vive despreocupadamente, junto com a igreja, passará por muitas aflições. Porém, os ímpios, isto é, os seguidores da besta, sofrerão muito mais, pois enfrentarão horrores com os flagelos da ira de Deus, além de suas mortes no Armagedom.

Mas, enquanto esse dia não vem, as dores continuarão até a vinda do Reino de Deus. *"Estas coisas são o princípio das dores."* (Mc 13:8)

Há quem diga que o mundo melhorará e chegará à perfeição; dizem que isso já está acontecendo, dizem que o mundo está muito melhor do que já foi um dia e que a tendência é melhorar cada vez mais. Eu, porém, não vejo melhora nenhuma no mundo; vejo apenas a evolução da civilização. O mal continua operando, as dores seguem crescendo, e as almas continuam morrendo e indo para o inferno.

Eu não vejo nenhuma melhora no mundo, apenas dor e perdição.

Acho que esses tais profetas estão cegos, ou melhor dizendo, falsos profetas — que nada sabem. *"Mas os homens maus e enganadores irão de mal para pior, enganando e sendo enganados."* (2Tm 3:13)

Minha mensagem é simples e bem repetitiva, sim, eu sei. Mas insisto em bater sempre na mesma tecla, com a intenção de pregar bem pregada a minha mensagem. Como o martelo bate de forma repetitiva sobre o prego, com o propósito de fixar bem o que precisa ser pregado por aquele que segura o martelo, assim eu também prego de modo repetitivo, batendo sempre na mesma tecla para que todos entendam a mensagem, isto é, o espírito deste meu projeto, que na verdade não é meu, e sim de Deus — disso eu não tenho dúvida.

Por isso insisto em ser repetitivo, para que entendam o espírito.

Pregar é isso: bater repetidamente no mesmo lugar. *"As palavras [...] são como aguilhões e como pregos bem fixados..."* (Ec 12:11)

Os sobreviventes do Apocalipse são poucos, comparados às multidões dos mortos que estão descendo à Sepultura, rumo ao abismo; lá não haverá sobreviventes, apenas almas mortas e aflitas.

Porque, como poderia haver vida no inferno? No inferno não há vida, só morte; por isso, nas trevas não pode haver sobreviventes.

— *Mas o que significa "sobreviventes do Apocalipse"?*

Ora, os sobreviventes do Apocalipse são todas as almas que alcançaram a salvação, todas as almas que viverão eternamente no Reino de Deus, depois que o fim deste mundo, como nós o conhecemos, chegar. Porque os que não alcançarem a salvação não sobreviverão à segunda morte — o lago de fogo — "com mistura".

— *Como assim "com mistura"?*

Isso mesmo, "com mistura". Quem puder entender isso, entenda.

Serão poucos os sobreviventes, comparados aos mortos.

"Não seles as palavras da profecia deste livro, porque próximo está o tempo. Quem é injusto faça injustiça ainda; e quem está sujo suje-se ainda; e quem é justo faça justiça ainda; e quem é santo seja santificado ainda. E eis que cedo venho, e o meu galardão está comigo, para dar a cada um segundo a sua obra." (Ap 22:10-12)

Todo mal que há no mundo é só o princípio das dores; o mundo ainda conhecerá os flagelos da ira de Deus, pois a justa vingança de Deus não falhará. A maldade dos homens tem se multiplicado; quanto mais as dores do mundo crescem, por causa da cobiça e da ganância do homem, mais a maldade da humanidade aumenta.

Chegará o dia em que Deus não irá mais suportar tanta patifaria, e, quando esse dia chegar, eu vou querer estar bem longe da terra.

Porque naquele Dia, de fato, o caldo vai entornar!

"Então, vi e ouvi uma águia que, voando pelo meio do céu, dizia em grande voz: Ai! Ai! Ai dos que moram na terra, por causa das restantes vozes da trombeta dos três anjos que ainda têm de tocar!" (Ap 8:13)

Ai dos habitantes do mundo, quando o Grande Dia da Vingança do Deus Todo-Poderoso recair sobre as cabeças dos homens ímpios.

Isso sucederá depois da Grande Tribulação — será como nos dias de Noé: *"Quando o Filho do Homem voltar, será como no tempo de Noé. Nos dias antes do dilúvio, o povo seguia sua rotina de banquetes, festas e casamentos, até o dia em que Noé entrou na arca. Não perceberam o que estava para acontecer até que veio o dilúvio e levou a todos. Assim será na vinda do Filho do Homem."* (Mt 24:37-39)

Não estou querendo incitar o terror, não mesmo; quero incitar um despertar, porque não são poucos os que caíram no sono da morte e estão pensando que alcançar a salvação é "mamão com açúcar".

"E desde os dias de João Batista até agora, o Reino do céu é tomado à força, e os que se utilizam da força apoderam-se dele." (Mt 11:12)

Porque, se fosse fácil alcançar a salvação, Jesus não teria falado o que falou: *"Entrai pela porta estreita, porque larga é a porta e espaçoso o caminho que conduz à perdição, e muitos são os que entram por ela; e porque estreita é a porta e apertado o caminho que leva à vida, e poucos há que a encontrem."* (Mt 7:13-14)

O Senhor Jesus falou acerca do princípio das dores, mas muitos não entenderam esta passagem, pois pensam que o princípio das dores seria algo que só iria acontecer a partir daquele dia que Jesus falou em diante, isto é, futuramente. Mas não: na verdade, o princípio das dores começou no Éden, quando o homem caiu em tentação e pecou. Porque tudo o que Jesus disse que viria ao mundo, quando falava do princípio das dores, não foi nenhuma novidade para aquela época; porque tudo o que Ele disse que iria acontecer, de fato, já estava acontecendo no mundo desde os seus primórdios.

"E Jesus, respondendo-lhes, começou a dizer: Olhai que ninguém vos engane, porque muitos virão em meu nome, dizendo: Eu sou o Cristo; e enganarão a muitos. E, quando ouvirdes de guerras e de rumores de guerras, não vos perturbeis, porque assim deve acontecer; mas ainda não será o fim. Porque se levantará nação contra nação, e reino contra reino, e haverá terremotos em diversos lugares, e haverá fomes. Isso será o princípio das dores." (Mc 13:5-8)

Tirando a parte em que Jesus falou que muitos viriam em seu nome, passando-se por Cristo; tirando essa parte — todo o resto que Ele falou já vinha acontecendo no mundo desde o princípio.

Porque sempre houve guerras, fome, terremotos, nação contra nação e reino contra reino; todas essas coisas já aconteciam desde o princípio do mundo. A própria Palavra de Deus nos revela isso.

Então, por que Jesus alertou a igreja sobre essas coisas, se elas sempre existiram no mundo? Creio que o Senhor Jesus falou essas coisas para guardar a igreja dos enganos do mundo; para que a igreja não pensasse que o Reino de Deus fazia parte deste mundo.

Porque, como o Reino de Deus poderia fazer parte de um mundo com guerras, com fome, com terremotos, isto é, com calamidades e com epidemias destruidoras? Ou seja, Jesus estava querendo dizer mais ou menos isto: — *Eu sou o Senhor e o Salvador, o Filho de Deus; estou anunciando a todos a chegada do Reino de Deus. Eu sou o Caminho que os levará à Vida; estabelecerei a minha igreja neste mundo, isto é, o meu povo. Mas não pensem que, só porque Eu vim e anunciei o meu Reino, a vida da igreja será como o Céu neste mundo, porque não será. Não se esqueçam: o meu Reino não é deste mundo. Antes que o meu Reino venha, ainda haverá muitas dores no mundo; por isso, não se iludam pensando que o Reino de Deus faz parte deste mundo, porque não faz. Por isso estou dizendo que ainda haverá guerras e destruições, porque o meu Reino não é deste mundo.*

Porque Jesus nunca quis que a igreja criasse raízes neste mundo, como está acontecendo hoje em dia. *"Não oro para que os tires do mundo, mas sim para que os protejas do príncipe deste mundo. Eles não são do mundo, como também Eu não sou."* (Jo 17:15-16)

Jesus não veio estabelecer o seu Reino neste mundo; veio apenas dar início à obra de Deus, que começa aqui, mas se concretiza lá.

Muitos pensaram, e continuam pensando até hoje, que Jesus veio para estabelecer o seu Reino neste mundo que jaz no maligno, mas não. Por isso Ele falou do princípio das dores, dizendo que haveria guerras, fome, terremotos, nação contra nação e reino contra reino; para que a igreja não se iludisse, pensando que o Reino de Deus já estava estabelecido neste mundo — neste mundo tomado por trevas.

Porque, como poderia haver tanta dor no Reino de Deus?

No passado, quando os homens tentaram estabelecer o Reino de Deus neste mundo, unindo a igreja ao Estado com a intenção de estabelecer o Céu na Terra, foi uma catástrofe total. Houve muita insanidade — houve a Inquisição da igreja católica romana e da igreja protestante, que resultou na morte de muitas almas inocentes.

Eram homens fanáticos, que se achavam no direito de tirar a vida de uma pessoa que havia cometido alguma heresia ou bruxaria.

Esses fanáticos queriam estabelecer o Reino de Deus neste mundo e, por isso, se corromperam e cometeram atrocidades piores do que as bruxas que eles matavam. Porque não há como: é um grande erro tentar encaixar o Reino de Deus neste mundo que jaz no maligno.

Isso foi como querer colocar o carro na frente dos bois. E foi isso que eles fizeram: cheios de boas intenções, tentaram realizar a obra de Deus na carne, isto é, à força, e não sob a direção do Espírito.

Tudo o que é excessivo é obra da carne; tudo o que é excessivo corrompe, até mesmo as boas virtudes. Tratando-se da carne, é crucial ser equilibrado; sem equilíbrio, o coração irá se corromper.

Quem não se lembra do *Terceiro Reich* e de seu líder tirano, Adolf Hitler, que tinha como objetivo unir o mundo sob uma só bandeira — a bandeira do Nazismo — e sob uma só raça: a raça ariana?

Adolf Hitler, junto com sua cúpula nazista, revelou a face do anticristo ao mundo, pois cometeram tamanhas atrocidades que ficou impossível apagá-las da história da humanidade. Ele não era o anticristo, mas creio que muitos crentes, na época, devem ter pensado que o líder Adolf Hitler era o próprio anticristo em pessoa, pois ele trazia os traços do anticristo. Mas realmente, ele não era a besta em pessoa, mas foi um homem cheio do espírito do anticristo.

É difícil não considerar a possibilidade de que Adolf Hitler tenha sido a besta descrita no livro do Apocalipse: *"A besta que viste foi e já não é, e há de subir do abismo, e irá à perdição."* (Ap 17:8)

Mas, isso é só uma especulação; não estou afirmando que Hitler era essa besta. Mas que ele se deixou ser usado grandemente pelo espírito do anticristo, isso é inegável — e até poderia ter sido a besta descrita. Assim como Nero, Maomé e tantas outras figuras do mal. Porém, eu cogito que a besta que foi e já não é, mas que irá subir do abismo, seja um dos anjos que seguiram o Dragão em sua rebelião; ou seja, o anticristo será um homem com o espírito de um demônio.

Será um demônio a quem o Dragão concederá o seu trono. Mas esse demônio não será um demônio qualquer; será um anjo que sempre esteve ao lado do Diabo, desde o princípio de sua corrupção e rebelião, como o seu braço direito. Digamos que ele seja o segundo na hierarquia do inferno, isto é, como um 'filho' para o Dragão.

Mas as dores que Adolf Hitler causou no mundo nada se comparam com as dores e com o tormento que ele está passando no inferno, em uma prisão muito mais tenebrosa do que os seus campos de extermínio, onde ofereceu milhões de vidas inocentes como ofertas de holocausto a Satanás — que Satanás agora o tenha.

Pois essa foi a sua escolha — sua péssima escolha.

"Estas coisas são o princípio das dores." (Mc 13:8)

Repito: o princípio das dores não começou depois de Cristo; começou no princípio do mundo, quando o homem pecou ao desobedecer à voz de Deus — a partir de então, o mundo foi amaldiçoado e as dores começaram a assolar os habitantes da terra.

Digo também que os quatro primeiros selos do Apocalipse não serão abertos no tempo do fim, mas já foram abertos desde a fundação do mundo. Assim como o Cordeiro também foi morto desde a fundação do mundo: *"Todos os habitantes da terra a adorarão, aqueles cujos nomes não estão escritos no livro da vida do Cordeiro que foi morto desde a fundação do mundo."* (Ap 13:8)

O Cordeiro morreu para cobrir o pecado de Adão e Eva.

Como a própria Palavra de Deus nos revela: *"E o Senhor Deus fez roupas de peles para Adão e sua mulher, e os vestiu."* (Gn 3:21)

Mas é claro que isso foi apenas uma alegoria que prenunciava o sacrifício do Cordeiro de Deus em favor de toda a humanidade.

De fato, são muitas as dores que há no mundo, mas nenhuma delas se compara aos tormentos que virão após a morte para as almas que se perdem. Não sou um pregador da morte; prego a vida.

A verdadeira vida que está no Senhor Jesus Cristo.

Capítulo 06

Esse é o lamento,
e como lamento servirá.

(Parte 02)

Esse é o lamento, e como lamento servirá: *"Ó SENHOR, tem compaixão de mim, porque estou angustiado; meus olhos, minha alma e meu corpo se consomem de tristeza. Pois minha vida é consumida pela angústia, e meus anos, pelos gemidos; minha força desfalece, e meus ossos se consomem em razão da minha culpa."* (Sl 32:9-10)

Andei por caminhos escuros e sombrios, caminhei pelos pântanos imundos do mundo, me contaminei com todo tipo de impureza e me afundei na lama do pecado até o pescoço. Por isso, a minha dor é constante. *"Esse é o lamento, e como lamento servirá."* (Ez 19:14)

Não consigo entender minhas ações, não consigo entender por que me deixei levar pelos enganos do meu coração, por que me deixei cair na perspicácia do Tentador — não consigo entender.

Mas entendo que não sou inocente, conheço a minha fraqueza e a minha malícia; minha grande maldade, mais uma vez, prevaleceu.

Onde eu estava com a cabeça quando caí em tentação?

Lamento por todos os erros que cometi; lamento pelas multidões dos meus pecados; lamento pela minha maldade; lamento pela minha fraqueza; lamento pela minha malícia; lamento pela minha infidelidade; lamento pelos meus defeitos; lamento pela minha imperfeição. *"Esse é o lamento, e como lamento servirá."* (Ez 19:14)

Fiz o que era mau aos olhos do Senhor, e lamento por isso.

Estou andando em círculos e não consigo quebrar o ciclo que está me quebrando; está ficando cada vez mais difícil, a cada tropeço e a cada queda fico cada vez mais fraco; não há cura para a vontade da carne. Preciso me libertar desta prisão de barro; minha alma e meu espírito precisam transcender a minha própria vontade humana.

Não há bem nenhum em mim; não há salvação para a carne; não há fronteiras para a maldade; não há limite para fazer o que é mau; não há esperança para o pó. Sinto-me como uma tocha de fogo apagada, e foi o pecado que me apagou — agora sou apenas cinzas.

Esse é o lamento, e como lamento servirá. *"Desventurado homem que sou! Quem me livrará do corpo desta morte?"* (Rm 7:24)

Não, eu não sei fazer o bem, mas sou bom em fazer o mal.

"Pois bem sabemos que a lei é espiritual; eu, todavia, sou carnal, vendido à escravidão do pecado. Porque nem mesmo compreendo o meu próprio modo de agir, pois não faço o que prefiro, e sim o que detesto. Ora, se faço o que não quero, consinto com a lei, que é boa. Neste caso, quem faz isto já não sou eu, mas o pecado que habita em mim. Porque sei que em mim, isto é, na minha carne, não habita bem nenhum, pois o querer o bem está em mim; não, porém, o efetuá-lo. Porque não faço o bem que prefiro, mas o mal que não quero, esse faço. Mas, se faço o que não quero, já não sou eu quem o faz, e sim o pecado que habita em mim. Então, ao querer fazer o bem, encontro a lei de que o mal reside em mim. Porque, no tocante ao homem interior, tenho prazer na lei de Deus; mas vejo, nos meus membros, outra lei que, guerreando contra a lei da minha mente, me faz prisioneiro da lei do pecado que está nos meus membros." (Rm 7:14-23)

Desventurado homem que sou!

Quem me livrará deste corpo de pecado?

Senão a boa mão do meu Senhor e Salvador Jesus Cristo.

Os dias eram nebulosos, pois eu havia pecado contra o Autor da vida; por isso, a vida estava se dissipando de mim. A angústia, o desânimo, a aflição e a depressão eram o meu alimento diário.

Uma nuvem negra pairava sobre a minha cabeça, e eu não conseguia ver a luz no fim do túnel, isto é, não conseguia encontrar a esperança — pois ela havia batido as asas e voado para bem longe de mim. Tudo o que havia me restado era o peso do pecado e as acusações do Acusador, que enfraqueciam muito a minha fé. Como poderei me levantar depois de tantos tombos? Como poderei ter descanso com tantas feridas abertas e dolorosas em minha alma?

Como continuar vivendo com medo?

O medo do tormento do inferno me assombrava dia e noite.

Que bom seria se o inferno não existisse!

Esse é o desejo de todo pecador. Não, não, não, não e não!

Estou com o coração pesado, porque Deus não merece o pior de mim, não mesmo; pelo contrário, Deus merece o melhor de mim.

Eu até poderia me iludir, fingindo que as consequências não irão me alcançar; poderia pensar que tudo ficará bem no final, mesmo estando sobrecarregado de pecados e de maldade. Mas não consigo ignorar a verdade, nem tampouco me iludir com a mentira; não consigo fingir que está tudo bem, quando, na verdade, nada está bem. Pois os meus pecados são reais — são verdadeiros fantasmas que me assombram. Assim também serão reais as consequências dos meus pecados. Eis o motivo do meu lamento: eu sou mau e fraco.

Não quero nem ouro nem prata; quero a salvação da minha alma.

Não quero os prazeres do mundo; quero a vida eterna.

Quero ser um sobrevivente, e não um morto condenado à perdição eterna; quero ver a face de Deus, e não os chifres do diabo.

Quero andar na retidão, e não nas veredas da impiedade.

— *Ah, minha alma, como você está abatida dentro de mim!*

A alegria abriu a porta e saiu correndo, deixando-me sozinho com a tristeza; a paz deu lugar à guerra, e a vida foi vencida pela morte. Tudo por causa da minha grande insensatez e da minha maldade, da minha malícia, da minha loucura, dos meus pecados, dos meus erros, da minha fraqueza, da minha perversidade e da minha rebeldia. Fiz tudo errado; agora estou pagando o preço dos meus erros. *"Esse é o lamento, e como lamento servirá."* (Ez 19:14)

Mais uma vez eu sinto o meu pecado; não gosto nada desta sensação de vazio, de estar longe — longe da presença do meu Deus.

"Pois o salário do pecado é a morte..." (Rm 6:23)

Minhas transgressões me afastaram de Deus e, longe de Deus, é como viver no fundo de um mar de amargura. Longe de Jesus, sou como uma folha seca: sem esperança, sem ânimo e sem vida. Longe do meu Redentor, fico cego, cercado pelas trevas. Eu me arrependo, Senhor; me arrependo em verdade. Lamento amargamente; estou aflito e desnorteado. Por tudo isso, colocarei a minha boca no pó, me humilharei e buscarei a salvação do meu Deus e do meu Senhor; do meu Redentor e Salvador. *"Cura-me, Senhor, e serei curado; salva-me, e serei salvo, pois tu és aquele a quem eu louvo."* (Jr 17:14)

Faço esse lamento porque ele precisa ser feito; não é o meu primeiro lamento, nem será o último. Pois o tentador conhece o meu ponto fraco, conhece a minha cobiça e sabe muito bem onde me atingir; por isso acabei me tornando um alvo fácil para o inimigo.

Muitas vezes ele conseguiu me fazer tropeçar e cair; e não foram poucos os tombos que eu levei, lamentavelmente. Por isso estou em pedaços, sim, pedaços e mais pedaços. Tenho motivos de sobra para detestar a minha vida neste mundo; tenho inúmeros motivos para me lamentar diante da face de Deus; tenho muitas razões para manter a boca no pó e me humilhar diante do meu Deus; e é justo que assim eu faça. Porque, mesmo amando o meu Deus, foi contra Ele que eu pequei, mesmo sabendo que não posso viver sem Ele.

Contudo, ainda assim, eu fui infiel e caí em tentação, me deixando levar pela minha cobiça, que sempre me deixa arrasado. *"Ninguém, sendo tentado, diga: De Deus sou tentado; porque Deus não pode ser tentado pelo mal e a ninguém tenta. Mas cada um é tentado, quando atraído e engodado pela sua própria concupiscência."* (Tg 1:13-14)

A vontade excessiva e impura da minha carne me consome.

Deveras, são as consequências dos meus próprios erros. *"Porque o que semeia na sua carne, da carne ceifará a corrupção; mas o que semeia no Espírito, do Espírito ceifará a vida eterna."* (Gl 6:8)

Devo lutar para sobreviver às tentações do mundo; devo correr a corrida dos vencedores; devo negar a mim mesmo; devo me esforçar para chegar a Sião; e devo buscar a salvação do meu Salvador.

Esse é o propósito que eu fiz comigo mesmo. Para que, deste modo, agindo assim, me lamentando e me humilhando diante da presença do meu Salvador, talvez, por Sua graça e misericórdia, eu alcance a salvação da minha alma. Sei que Deus é Bom, Justo e Fiel.

Por isso Ele me deu tempo para que eu me arrependesse e também me corrigisse, pois o Seu amor excede todo o nosso entendimento.

Porque eu é que sei das atrocidades que cometi diante da face do meu Deus — por isso é necessário continuar me humilhando e me lamentando diante do Senhor, com a boca no pó. *"A ti, ó Senhor, pertence a justiça; mas a nós, a vergonha, como hoje se vê..."* (Dn 9:7)

Entretanto, a boa parte é que estou arrependido, e isso já foi um bom começo para a bondade e a misericórdia de Deus me visitar.

E como eu sou grato pelas misericórdias do meu Redentor!

Por isso não deixarei de me lamentar diante de Sua Face.

Eu lamento, lamento pelos meus muitos pecados, pela minha impureza, pela minha fraqueza, pela minha infidelidade, pela minha inconstância, pelos meus incontáveis defeitos, pela minha maldade, pela minha malícia, pelo meu egoísmo, pela minha vaidade, pela minha ganância, pelo meu desânimo, pelo meu orgulho, pela minha cobiça, pela minha arrogância, pela minha insensatez, pela minha grande imperfeição — lamento pela minha inclinação para o mal.

Por isso Deus não me leva muito a sério, porque Ele é bom.

Já que, se Deus me levasse a sério, considerando os muitos erros que eu cometo, de fato, a coisa ficaria preta — muito feia para o meu lado. Mas é por Suas misericórdias que muitas vezes Deus me ignora por completo; isto é, não considera muito as minhas ações.

Mas isso porque eu mais erro do que acerto.

Porque sei que, se Deus me pesasse na Sua santa e justa balança, considerando todas as minhas obras e atitudes, de fato eu não seria aprovado. Mas, pelo sangue do Cordeiro — estou falando do meu caso —, na maioria das vezes Deus faz vista grossa, pela Sua graça, pela Sua misericórdia, pela Sua bondade, pela Sua fidelidade e pelo Seu amor. Porém, também é mais do que justo que eu seja açoitado pelos meus erros. *"Porque eu estou com você para salvá-lo, diz o Senhor. Por isso, destruirei completamente todas as nações por onde o espalhei. A você eu não destruirei completamente, mas castigarei em justa medida; de modo nenhum deixarei você impune."* (Jr 30:11)

Sou salvo pela justiça de Deus, e não pela minha própria justiça. Porque, na verdade, eu nada sou e nada mereço.

Até aqui o Senhor tem se compadecido de mim, mesmo sem eu merecer — eu, o maior dos pecadores. *"Minha vida está perto de virar pó; vivifica-me segundo tua palavra. [...] Minha alma esvai-se de tristeza; fortalece-me segundo tua palavra."* (Sl 119:25,28)

Este é o meu lamento; não vou parar por aqui.

Continuarei me lamentando e me humilhando até que a cura venha, e eu sei que ela virá, pois o meu Redentor é poderoso para me salvar. *"Esse é o lamento, e como lamento servirá."* (Ez 19:14)

Capítulo 07

O espírito do anticristo.

O mundo jaz no maligno. *"Este é o espírito do anticristo, do qual já ouvistes que há de vir, e eis que já está no mundo."* (1Jo 4:3)

A mulher impura, ou melhor dizendo, a grande Prostituta, está montada sobre a besta vermelha de sete cabeças; ou seja, a Babilônia, juntamente com o espírito do anticristo, uniram-se para exercer influência neste mundo tenebroso que jaz no Maligno.

Mas é evidente que quem está por trás da grande Prostituta e do anticristo é o príncipe deste mundo, o grande Dragão, a antiga Serpente, também conhecido como Diabo e Satanás. Ele comanda a grande Prostituta e o espírito do anticristo, transformando o mundo do príncipe — que nega o Nome e a salvação do Senhor Jesus Cristo — em um poço de perdição. O espírito do anticristo e a grande Babilônia andam juntos, cavalgando sobre a face da Terra criada por Deus; a galope correm pelo grande mar, exercendo a influência diabólica neste mundo tomado pelas trevas. *"E levou-me em espírito a um deserto, e vi uma mulher assentada sobre uma besta de cor escarlate, que estava cheia de nomes de blasfêmia e tinha sete cabeças e dez chifres. [...] E a mulher que viste é a grande cidade que reina sobre os reis da terra."* (Ap 17:3) (Ap 17:18)

O anticristo ainda não se revelou ao mundo, não em pessoa; todavia, o seu espírito vem atuando no mundo desde o surgimento do Senhor Jesus Cristo. Ele é aquele que nega a verdade e propaga a mentira, o espírito que nega o Filho de Deus — este é o anticristo.

Como a Palavra de Deus nos revela: *"Quem é o mentiroso, senão aquele que nega que Jesus é o Cristo? Esse é o anticristo, esse que nega o Pai e o Filho. Qualquer que nega o Filho também não tem o Pai; aquele que confessa o Filho tem também o Pai."* (1Jo 2:22-23)

No mundo há duas influências espirituais que nos levam à verdade e à mentira, à luz e às trevas: temos a influência do Espírito Santo de Deus e também a influência do espírito do anticristo.

Das duas uma: ou nós ouvimos a voz de Deus, ou ouvimos a voz do diabo; ou nos rendemos ao Espírito de Deus, ou nos rendemos ao espírito do anticristo. Só existem estas duas estradas: a estrada do paraíso e a estrada do inferno; a estrada da luz e a estrada das trevas; a estrada da mentira e a estrada da verdade; a estrada de Deus e a estrada do diabo. Não se iluda: há apenas dois caminhos.

Não há nenhuma outra estrada além destas duas.

O espírito do anticristo está atuando na humanidade rebelde e descrente; está nas ações dos homens corruptos e violentos, dos homens que amam o dinheiro, dos homens que querem o poder e a glória deste mundo, dos homens que venderam a alma a Satanás.

Ele está no ocultismo, na tarologia, no budismo, no hinduísmo, no judaísmo, no islamismo, no ateísmo, na astrologia, na Nova Era, no misticismo, no comunismo, na cientologia, na maçonaria, na numerologia, no espiritismo, no mormonismo, na bruxaria, na feitiçaria, no satanismo, enfim. Ele está na filosofia humana, nos estúdios de Hollywood, na Disney World, nos contos de fadas, na televisão, no cinema, no rádio, nos streamers, nas grandes potências da mídia e da comunicação, nas músicas seculares, nos filmes, nas séries, na Web, nas novelas, nos livros, na arte, na cultura da humanidade, no teatro, no entretenimento, na moda, no palco, na festa rave, na faculdade, na ciência, no pagode, na escola, no forró, no baile funk, no bar enfim. O espírito do anticristo está no mundo.

Quem nega a salvação do Senhor Jesus Cristo abraça o espírito do anticristo e, com ele, será lançado à perdição eterna. Ele também estava no alto escalão da seita dos fariseus; estava no sinédrio que julgou Jesus; estava no sumo sacerdote Caifás e no seu sogro Anás; estava na multidão que gritava ao governador Pôncio Pilatos:

— *Solte Barrabás!*

"O governador, pois, perguntou-lhes:

Qual dos dois quereis que eu vos solte? E disseram: Barrabás. Tornou-lhes Pilatos: Que farei então de Jesus, que se chama Cristo? Disseram todos: Seja crucificado." (Mt 27:21-22)

O espírito do anticristo também estava nos homens que apedrejaram o jovem Estêvão, o mesmo espírito que, no princípio da igreja, influenciou o fariseu Saulo de Tarso, que se converteu da água para o vinho quando creu no Senhor Jesus Cristo e aceitou o evangelho, passando a ser chamado de Paulo; andando não mais na direção do espírito do anticristo, mas na direção do Espírito Santo de Deus. *"Mas, seguindo ele viagem e aproximando-se de Damasco, de repente, uma luz resplandecente, vinda do céu, o cercou. E, caindo por terra, ouviu uma voz que lhe dizia: Saulo, Saulo, por que me persegues? Ele perguntou: Quem és tu, Senhor? O Senhor respondeu: Eu sou Jesus, a quem persegues; mas levanta-te e entra na cidade; lá te será dito o que precisas fazer."* (At 9:3-6)

No princípio da igreja, o espírito do anticristo perseguiu os fiéis ferozmente, por causa da fúria do Dragão, que havia sido expulso do céu e lançado por terra. *"Pelo que alegrai-vos, ó céus, e vós que neles habitais. Mas ai da terra e do mar! porque o Diabo desceu a vós com grande ira, sabendo que pouco tempo lhe resta."* (Ap 12:12)

O espírito do anticristo estava por trás das perseguições que a igreja primitiva sofria; estava por trás das mortes e das prisões dos cristãos; estava nas multidões que se alegravam no anfiteatro Flaviano, também conhecido como Coliseu. Ele estava em Roma, bastante atuante na perseguição da igreja. Os imperadores romanos estavam cheios do espírito do anticristo: homens como *Nero* (ano 64 d.C.), *Domiciano* (ano 95 d.C.), *Trajano* (anos 108-112 d.C.), *Marco Aurélio* (ano 177 d.C.), *Setímio Severo* (ano 202 d.C.), *Maximino Trácio* (ano 236 d.C.), *Décio* (anos 249-251 d.C.), *Valeriano* (anos 257-258 d.C.) e *Aureliano* (anos 270-275 d.C.).

E a última perseguição de *Diocleciano*, também conhecida como a Grande Perseguição (anos 303-305 d.C.), que depois de um tempo foi retomada por *Maximiano Daia* (anos 311-313 d.C.).

Todos eles foram homens cheios do espírito do anticristo: homens ímpios e arrogantes, que amavam o poder e se achavam mais dignos e merecedores do que os pobres plebeus — que também eram maus.

Eles escolheram o espírito do anticristo e renegaram o Espírito de Deus; sim, é isso que a maioria das pessoas tem feito todos os dias.

Séculos após séculos, resistem ao Espírito Santo e alargam os seus corações para ouvir o espírito do anticristo. A maioria das pessoas não é tão má como foram os imperadores romanos que perseguiram a igreja; mas, por rejeitar o Espírito de Deus e o seu Testemunho, que é o Senhor Jesus Cristo — o único Salvador do mundo — e aderir aos enganos e mentiras espalhadas pelo espírito do anticristo, todos igualmente irão para o mesmo lugar no além. É isto que o espírito do anticristo provoca no mundo: libertinagem, divisão, perseguição, miséria, cobiça, ganância, egoísmo, violência, guerra, desigualdade social, injustiça, impiedade, ódio, traição, fascismo, parcialidade, mentira e, principalmente, a descrença no Senhor Jesus Cristo, o Deus vivo e justo. *"Filhinhos, esta é a última hora; e, conforme ouvistes que vem o anticristo, já muitos anticristos se têm levantado; por onde conhecemos que é a última hora."* (1Jo 2:18)

Fazer o mundo desacreditar do Senhor Jesus Cristo é o maior propósito do espírito do anticristo; totalmente o inverso do propósito do Espírito Santo, que veio ao mundo para testemunhar acerca da verdade, que é o Senhor Jesus. Outro grande propósito do espírito do anticristo é elevar a autossuficiência humana. Mas, na verdade, para perder a salvação da alma não é necessário ser cheio do espírito do anticristo; basta fazer a sua vontade mais simples e eficaz. E a vontade mais simples do espírito do anticristo é esta:

— *Seja do mundo e ame o mundo.*

Fazendo isso, você estará cumprindo a vontade do anticristo.

Isso já é o bastante para levar à perdição. *"Infiéis, não sabeis que a amizade do mundo é inimizade contra Deus? Portanto, qualquer que quiser ser amigo do mundo constitui-se inimigo de Deus."* (Tg 4:4)

E também diz: *"Não ameis o mundo, nem o que há no mundo. Se alguém ama o mundo, o amor do Pai não está nele. Porque tudo o que há no mundo: a concupiscência da carne, a concupiscência dos olhos e a soberba da vida, não vem do Pai, mas sim do mundo."* (1Jo 2:15-16)

Estamos vivendo na era do Apocalipse, e a cada dia que passa o espírito do anticristo se fortalece e cresce neste mundo maligno.

Não se engane: em qualquer lugar ou em qualquer ambiente — seja numa reunião familiar, numa conferência ou palestra, numa conversa entre amigos, numa propaganda comercial, numa festa comemorativa, num domingo no parque ou num sábado no shopping; seja num programa de televisão, num filme, numa série, numa novela, num conto, no circo ou no teatro — seja o lugar que for, se o ambiente em que a alma estiver rejeitar a Palavra de Deus e o Senhor Jesus, se não houver ações de graças e temor a Deus, mas, pelo contrário, houver indiferença às coisas relativas a Deus, pode ter certeza de que a ação do espírito do anticristo está ali, agindo e influenciando vidas. Como um ventríloquo manipulando um fantoche, assim o espírito do anticristo manipula a humanidade. Ele brinca com a vida das almas, como alguém que brinca de marionete.

Entretanto, o Espírito Santo de Deus continua proclamando a verdade; ele clama aos corações dos homens, tentando convencer as almas perdidas de que só o Senhor Jesus Cristo é o Caminho, a Verdade e a Vida. Deus faz isso porque não tem prazer na perdição do homem — pelo contrário — Ele quer salvá-los. *"Mas o Espírito mesmo intercede por nós com gemidos inexprimíveis."* (Rm 8:26)

A luz está próxima, visível para todos, mas muitos preferem continuar na escuridão; isso porque as suas obras são más.

O espírito do anticristo os convenceu de que Deus não existe e de que a Palavra de Deus é um conto de fadas; ele faz os homens acreditarem em discos voadores e em extraterrestres, e estes caem no conto do vigário, tornando-se adeptos da ufologia. Os homens abraçam qualquer loucura e mentira elaborada pelo espírito do anticristo e, por merecimento, vivem uma vida de ilusão; mas, se é isso que eles querem, que assim seja, que desçam ao pó na mentira.

Eu, porém, seguirei crendo na verdade, que é Cristo.

É muita ingenuidade da mente humana acreditar que o mundo, o homem, os animais e a natureza surgiram do nada — isto é, de uma grande explosão que foi evoluindo e se formando por milhões de anos, até chegar ao que temos hoje. Mas eu digo que é o equilíbrio das coisas que nos revela e prova a existência de um Deus Criador.

Porém, eles dizem: — *Se tudo tem um criador, quem criou Deus?*

Ora, Deus é um mistério que não está ao alcance da mente humana; por isso, Ele nos deu a fé, para que creiamos naquele que não podemos compreender. Porque, como homens neste mundo, não podemos compreender tal mistério; mas um dia, como deuses, na vida eterna e no plano celestial, creio que todos os mistérios mais profundos de Deus nos serão revelados. Então entenderemos tudo.

Por enquanto, somos pó; e como pó também somos limitados.

A mente do homem não foi criada para compreender plenamente o grande mistério que é Deus, porque tamanho conhecimento poderia enlouquecer o homem. Pois Deus não criou o homem para entendê-Lo, mas para crer na Sua existência, adorá-Lo e reverenciá-Lo. E, lá no fundo, todos sabem que Deus existe — até mesmo o ateu, que diz não acreditar em Deus; mas digo que bem lá no fundo ele sabe que Deus existe, porque o fôlego que há nele vem de Deus.

Não há como o homem negar isto: querendo ou não, todos nós estamos ligados a Deus; assim como um feto está ligado à sua mãe pelo cordão umbilical, todos os homens também estão ligados a Deus pela vida que procede d'Ele para todos os seres vivos da terra.

"Ele, de fato, não está longe de cada um de nós; porque nele vivemos, nos movemos e existimos; como também alguns dos vossos poetas disseram: Pois dele também somos geração." (At 17:27-28)

Esta é a mais pura verdade: — *Jesus Cristo é o único Salvador!*

Todo alarido que o espírito do anticristo espalhou pelo mundo é mentira; a verdade está no evangelho. O evangelho é a Palavra de Deus, que nos revela o Senhor Jesus Cristo e a chegada do Reino de Deus aos homens. Não é complicado, pelo contrário, é bem simples!

Só não entende quem realmente não quer entender. O homem ainda conhecerá o anticristo em pessoa; e, assim como o seu espírito engana as multidões nos dias de hoje, do mesmo modo, o anticristo em pessoa também enganará toda a humanidade muito em breve.

Por isso eu digo à humanidade que rejeita a Luz e a Verdade:

— *Esteja preparada para adorar a besta e para sofrer, junto com ela, os flagelos que virão de Deus; e, juntamente com o anticristo, ser lançada no lago de fogo que arde com enxofre — sem mistura — onde serão atormentados dia e noite para todo o sempre. Então, prepare-se!*

Trágico, de fato. *"E o Diabo, que os enganava, foi lançado no lago de fogo e enxofre, onde estão a besta e o falso profeta; e de dia e de noite serão atormentados pelos séculos dos séculos."* (Ap 20:10)

Mas a igreja estará em Sião, na mais plena paz, na mais plena alegria, no mais pleno amor e na mais plena vida. Os adoradores da besta, porém, estarão no lago de fogo e enxofre, junto com o diabo, com o anticristo e o falso profeta, sendo atormentados eternamente.

Eu não desejo isso nem para o meu maior perseguidor e inimigo entre os homens. Ai de mim se eu desejasse tal mal a alguém!

Capítulo 08

O Espírito Santo de Deus.

— *O Espírito Santo é um mistério maravilhoso!*

O Espírito do Senhor Jesus Cristo é totalmente o oposto do espírito do anticristo; é como a água, que não se mistura com o óleo, e como as trevas, que não podem se encontrar com a luz. Um é amargo e o outro é doce; de fato, são diferentes como o sal e o açúcar. O Diabo não sabe fazer outra coisa senão tentar imitar o Senhor. Tudo o que Deus faz, o encardido tenta imitar; no Diabo não há nenhuma originalidade. Ele faz tudo o que vê Deus fazendo, porém de modo inverso, isto é, tudo ao contrário da vontade de Deus. E ele faz isso apenas para provocar o Altíssimo, pois sempre sentiu muita inveja de Deus. É uma criatura cheia de vaidade e de ilusão. Mas quem disse que o Diabo não tem seus sonhos e delírios?

Ele tem um sonho: sempre quis ser semelhante a Deus.

O encardido viu Deus enviando o seu Filho ao mundo e, em sua mente diabólica, também já planejou enviar o seu filho ao mundo, que será o anticristo. O encardido viu Deus enviando o seu Espírito Santo ao mundo para testemunhar em favor do Senhor Jesus Cristo; vendo que Deus enviou o seu Espírito, também enviou o espírito do anticristo para testemunhar contra o Senhor Jesus, gerando a descrença. Deus trabalha com a verdade; o encardido trabalha com a mentira. Deus promove a piedade; o encardido promove a impiedade. Deus promove o amor; o encardido promove o ódio. Deus promove a justiça; o encardido promove a injustiça.

Deus promove a paz; o encardido promove a guerra.

Deus promove a santidade, mas o encardido promove o pecado.

Ele tenta se passar por anjo de luz, tenta se passar por justo e verdadeiro, mas nele não há verdade alguma, tampouco justiça.

Contudo, os satanistas acreditam que Satanás é bom e que o Deus Criador é mau e injusto — isso porque o pai da mentira, isto é, o Diabo, fez aquilo que melhor sabe fazer: enganar e mentir.

O Diabo não tem nada a oferecer ao homem senão a mentira e o engano. Muitas celebridades do showbiz se iludiram fazendo um pacto com o Diabo e, com isso, revelaram sua grande insensatez.

Venderam suas almas imortais a Satanás com o intuito de alcançar o sucesso, as riquezas, a fama e a glória deste mundo.

Mas será mesmo que o encardido pode proporcionar alguma coisa boa para alguém, ou tudo não passa de mais uma mentira?

Acredito que ele possa usar a influência que exerce no mundo para promover a alma que quiser; porém, em seu contrato há muitas cláusulas mentirosas que passam despercebidas aos olhos da alma que está se vendendo. Mas por ambição, a alma talentosa, porém insensata, acaba acreditando em tudo que o Diabo promete.

E mais: ela acredita que só alcançou o sucesso e a fama por obra do Enganador, pelo pacto que fez. Mas eu afirmo que a pessoa que alcançou o sucesso, depois de ter feito um pacto com o Diabo, não o alcançou pelo pacto, mas sim devido ao seu próprio talento, trabalho e esforço. O Diabo, contudo, acaba levando todos os méritos, pois a pessoa pensa que foi pelo poder do encardido que ela venceu. Mas ele não ajuda ninguém; só mente e se gaba daquilo que não fez, ou melhor: ele dá com uma mão e toma com a outra.

E a pessoa que vendeu a alma se torna uma adoradora de Satã.

A verdade é que o Diabo tem muitos adoradores neste mundo: homens ricos e poderosos que o servem e exercem grande influência global. E esses homens acabam ajudando e abrindo portas às pessoas que venderam a alma, e fazem isso porque servem a Satanás e acreditam em seu poder. Mas esses homens influentes e cheios de poder também não se tornaram o que são apenas com a ajuda do Diabo — talvez um pouco — mas eles também foram enganados. E continuarão sendo iludidos até o dia de suas mortes.

Porque, se alguns deles ainda não eram ricos e influentes quando fizeram um pacto com o encardido, não foi pelo pacto que fizeram que se tornaram ricos e influentes. Mas eles se tornaram ricos e influentes porque eram capacitados e talentosos, e também porque nasceram com o dom da prosperidade — um dom dado aos homens por Deus e não pelo Diabo. (O que esperar do pai da mentira?)

Mas o encardido, como sempre, engana a tudo e a todos com suas mentiras, pois o Diabo só faz pacto com pessoas que ele vê que têm potencial — aquelas que, por seu próprio talento e capacidade, alcançariam o sucesso sozinhas. Tudo não passa de mais um dos muitos truques do Enganador para enganar as almas talentosas, que têm potencial para crescer, mas ainda não obtiveram o sucesso.

Vendo o desespero dessas pessoas, o encardido se apresenta e lhes propõe um pacto. Então a alma desesperada por dinheiro, sucesso e fama acaba cedendo, e o Diabo faz o que vem fazendo desde o início do mundo: mente descaradamente, sem nenhum escrúpulo.

É claro que, no começo, ele pode até usar sua influência para ajudar a pessoa, fazendo-a acreditar que de fato está sendo ajudada; mas como eu já disse antes, ele entrega o presente com uma mão e depois o toma com a outra. Ele faz isso porque odeia o homem — e nunca o ajudará de verdade, lhe fazendo verdadeiramente o bem.

Mas os donos do mundo, que têm pacto com ele, acreditam que ele é um anjo bom e justo, e que Deus é o grande vilão da história.

Mas, se ele conseguiu enganar os anjos de Deus, que viviam na mesma dimensão celestial, como não enganaria também os homens?

"Ele é homicida desde o princípio e nunca se firmou na verdade, porque nele não há verdade; quando profere mentira, fala do que lhe é próprio, porque é mentiroso e pai da mentira." (Jo 8:44)

Porém, se a pessoa não tiver nenhum potencial, capacidade ou talento, o Diabo a ignora, pois nem a sua influência poderá ajudar.

Porque o encardido não é burro, por isso ele não faz nenhum pacto com pessoas sem potencial e sem talento, ou até mesmo com pouco potencial e talento; pois ele sabe que o sucesso não virá dele, e sim do próprio trabalho, potencial e talento da própria pessoa.

E como ele só sabe imitar a Deus, ele também escolhe os seus servos a dedo, porém, ele os ganha com a mentira e com o engano.

Mas o Deus Justo e Verdadeiro, porém, não pode mentir, Ele só trabalha com a verdade. E não faz como o diabo que compra os seus servos com a moeda da mentira e do engano; mas Deus ganha os seus servos com amor. Pois Deus é verdadeiro e não pode mentir:

"Deus não é homem, para que minta; nem filho do homem, para que se arrependa. Porventura, tendo ele dito, não o fará? Ou, havendo falado, não o cumprirá? [...] para que por duas coisas imutáveis, nas quais é impossível que Deus minta..." (Nm 23:19) (Hb 6:18)

Em Deus eu posso confiar, mas no diabo, só os loucos.

Pois, como alguém ainda pode acreditar no pai da mentira?

Quando o encardido compra uma alma, que a pessoa vende para ele, a pessoa espera receber o pagamento; mas ele compra e não paga — isso porque é totalmente desonesto e mentiroso.

(Vender a própria alma? Isso não existe — é apenas um termo simbólico; porque isso é só mais uma grande mentira do grande Mentiroso. Porque todas as almas pertencem a Deus; a pessoa não pode vender para o Diabo algo que não lhe pertence. Por isso, eu creio que ainda há salvação para ela — basta aceitar o evangelho e o Senhor Jesus Cristo, abandonando o Diabo e o culto satânico.)

Às vezes fico impressionado com a ignorância das pessoas, fico impressionado com o quanto elas superestimam o poder do Diabo.

Isso porque são ignorantes, por rejeitar a verdade — por isso morrem de medo do Tinhoso, e superestimam o poder do mal.

Mas o inimigo não pode fazer nada sem o consentimento do Senhor Jesus, pois Deus está no controle — no controle absoluto.

Entretanto, o diabo não deve ser superestimado, tampouco subestimado, devemos considerá-lo como um derrotado persistente.

Acho que já chega de falar do encardido — nosso grande inimigo.

Agora quero falar do Espírito de Deus, do Sublime e Esplêndido Espírito Santo de Deus. Sua presença é mais doce que o mais puro mel; Ele é Justo, Santo, Verdadeiro, Fiel, Grande, Forte e Poderoso, e ao mesmo tempo amoroso e carinhoso. Sim, Ele se assemelha à figura de uma mãe dedicada à sua casa e aos seus filhos, à sua Família, isto é, à Família de Deus: o Pai, o Filho, os anjos e a igreja.

Ele é como uma mãe para nós, que somos filhos de Deus — não estou dizendo que o Espírito é uma mulher, não deturpem as coisas; estou dizendo que Ele tem o cuidado de uma mãe, figurativamente falando, pois todos conhecem o amor e os cuidados de uma mãe.

Eu contemplo a beleza da natureza e compreendo sua bondade e ternura; vejo a fauna e a flora e fico impactado com cada retoque de amor em sua criação — pois tudo o que Ele criou, criou por amor.

Ele continua testemunhando acerca da verdade; é Ele quem convence o mundo do pecado, e por isso o mundo se torna culpado quando não dá ouvidos ao seu clamor e ao seu apelo. Todo aquele que nega o Senhor Jesus Cristo tapa os ouvidos para não ouvir a sua voz; todo aquele que não acredita no Filho de Deus e não o aceita como seu Salvador está blasfemando contra o Espírito Santo de Deus, pois o está chamando de mentiroso, porque não ouviu a sua voz, nem acreditou em seu testemunho, antes o menosprezou.

Ele só deseja o bem das pessoas, mas a humanidade o despreza, insulta seu amor e sua bondade, ignora-o por completo, vira-lhe as costas e caminha na direção contrária, até que chegue ao abismo.

Ele aponta o caminho certo porque quer que todos sejam salvos; ilumina a vida dos que estão no vale da sombra da morte, mas muitos se escondem de sua luz, embrenhando-se nas trevas. Pois se sentem envergonhados de suas obras más, porque sabem que estão errados, porque a luz revela tudo: seus pecados e suas maldades.

Mas não querem abandonar tais caminhos, mesmo sabendo que são reprovados pela luz. Na verdade, eles se perdem porque querem se perder. Deus colocou a eternidade no coração do homem; todos sabem que a vida não acaba aqui, mas continua após a morte. Eu não entendo o porquê de fugir da luz. *"Ele fez tudo belo a seu tempo. Também pôs a eternidade no coração do homem, sem que este consiga compreender a obra que Deus fez do começo ao fim."* (Ec 3:11)

Mas o Espírito Santo está fazendo a sua parte, por isso, no dia do Julgamento de Deus, não haverá desculpa alguma para o homem.

Ele habita no meio do seu povo, a igreja; guia o seu rebanho, ensinando o caminho da verdade, da retidão, da piedade e da justiça; levanta o que está caído e sustenta o que está prestes a cair; purifica as imundícias dos nossos erros nas suas águas purificadoras e regeneradoras, através do sangue do Cordeiro; cura as feridas mais profundas e intercede pelas almas angustiadas. Ele é a nossa garantia: sem o seu auxílio, jamais poderíamos chegar à Sião; sem o seu auxílio, não podemos orar nem invocar o santo nome do Senhor Jesus Cristo; sem o Espírito Santo de Deus, nada podemos fazer.

(Falo essas coisas me referindo à igreja, e não ao mundo.)

Porque o mundo pode muito bem ir se virando sem o Espírito Santo de Deus, como tem feito desde sempre, mas a igreja nada pode sem o Espírito da verdade e do amor. E quando eu falo igreja, não me refiro às instituições religiosas erguidas pelas mãos dos homens, mas às almas que pertencem a Deus. Se de fato somos de Deus, não podemos viver sem o auxílio do seu Santo Espírito.

Ele está próximo, preenchendo todos os lugares e espaços. *"Mas recebereis poder, ao descer sobre vós o Espírito Santo..."* (At 1:8)

Não há como fugir da sua presença, nem contê-lo. *"Eu sou Deus; também de hoje em diante, eu o sou; e ninguém há que possa fazer escapar das minhas mãos; operando eu, quem impedirá?"* (Is 43:13)

Como já disse antes em outro testemunho, eu repito: — *Ele é azeite, fogo, água, vento e rocha; ele pode ser tudo o que quiser ser.*

O Espírito Santo de Deus é um mistério maravilhoso.

Até hoje não surgiu nenhum sábio capaz de compreendê-lo plenamente, pois ele é, de fato, um mistério para os homens. Ele é a terceira pessoa de Deus, que é Pai, Filho e Espírito Santo: um só Deus, em três pessoas distintas. Podemos compreender facilmente o Pai, como também o Filho, mas o Espírito Santo é um pouco mais difícil de ser compreendido. Pela graça de Deus eu o compreendo em parte, mas não plenamente; sei que ele é o Espírito de Deus, que está em Deus, no Pai e no Filho; e também sei que o Pai e o Filho estão nele. Compreendo que o Pai e o Filho têm o mesmo Espírito; e o Espírito, embora distinto do Pai e do Filho, acaba sendo o Pai e o Filho, porém em um Ser distinto. Como o Pai e o Filho têm vida própria em si mesmos, assim o Espírito Santo de Deus também tem vida própria em si mesmo. *"Pois assim como o Pai tem vida em si mesmo, assim também deu ao Filho ter vida em si mesmo..."* (Jo 5:26)

Que grande mistério!

Sim, o Espírito Santo de Deus é um mistério maravilhoso.

Ele está além do alcance da imaginação do coração do homem, além do alcance da mente humana. O que entendo é que o Espírito Santo, além de estar na vida dos santos hoje, neste mundo, também estará com os santos — isto é, com os salvos — por toda a eternidade. Assim como ele está em Deus, no Pai e no Filho, assim Ele também estará para sempre com as almas que serão salvas.

"E eu rogarei ao Pai, e ele vos dará outro Ajudador, para que fique convosco para sempre; a saber, o Espírito da verdade, o qual o mundo não pode receber; porque não o vê nem o conhece; mas vós o conheceis, porque ele habita convosco, e estará em vós. Não vos deixarei órfãos; voltarei a vós." (Jo 14:16-18)

O Pai, o Filho e o Espírito Santo é um Deus Maravilhoso.

Não há nada mais precioso do que o Espírito Santo: ele é a maior de todas as promessas de Deus; o melhor Presente que alguém pode receber. Não há nada superior ao Espírito Santo de Deus — nada.

Não sei como alguém pode blasfemar contra tamanha doçura.

Sim, ele é mais doce do que algodão doce; sua presença é mais aconchegante do que as nuvens de um lindo céu azul — isto é, seu abraço é mais macio do que as nuvens. Em outras palavras, andar na sua presença é como andar sobre as nuvens brancas do céu.

O Espírito da vida é assim — me faltam palavras para me expressar. Aqueles que se corromperam ou apostataram da fé em Cristo, de fato, podem ser chamados de insensatos, pois abriram mão do maior Bem entre todos os bens. Pois não há Deus maior nem melhor do que o Único e Verdadeiro Deus — o santo de Israel.

É muito triste quando alguém se desvia da verdade.

Nem todos os casos são assim, mas muitos dos falsos profetas e falsos pastores que hoje enganam multidões nem sempre foram inimigos de Cristo. A maioria dos homens que se corromperam começou bem sua caminhada com Cristo, eram servos fiéis, mas se perderam no meio do caminho. É lamentável — sim, e muito triste.

Por isso não podemos julgar ninguém, pois não sabemos o que o amanhã nos reserva, já que a carne é fraca. Mas disto eu sei: Deus é fiel. O Pai, o Filho e o Espírito Santo é um Deus Maravilhoso.

Capítulo 09

Não ficará pedra sobre pedra.

"O insensato diz no seu coração: Deus não existe. Todos se corrompem e praticam abominações; não há quem faça o bem. O Senhor olha do céu para os filhos dos homens, para ver se há alguém que tenha entendimento, que busque a Deus. Todos se desviaram e juntos se corromperam; não há quem faça o bem, não há um sequer. Por acaso nenhum dos malfeitores compreende?" (Sl 14:1-4)

O mundo jaz no maligno, e a humanidade se esqueceu do seu Criador. A luz tentou entrar nas casas da grande Babilônia, mas as almas perdidas fecharam as cortinas e não deixaram a luz entrar; pelo contrário, detestaram a luz e preferiram ficar sob a sombra do mal. Por isso, não ficará pedra sobre pedra em meio aos destroços.

"E Jesus lhe disse: Vês estes grandes edifícios? Não se deixará aqui pedra sobre pedra que não seja derrubada." (Mc 13:2)

Os amantes da cidade iluminada pelas luzes de neon ficarão desolados quando o fim dos seus sonhos gulosos e egoístas chegar; quando a lua se transformar em sangue; quando o sol perder a terça parte do seu brilho; quando as trevas cobrirem a terra ao meio-dia.

Pois escolheram as trevas; então, que elas os apanhem. *"O quarto anjo tocou a trombeta, e foi ferida a terça parte do sol, da lua e das estrelas, para que a terça parte deles escurecesse e, na sua terça parte, não brilhasse, tanto o dia como também a noite."* (Ap 8:12)

Não ficará pedra sobre pedra que não seja derrubada.

Não há esperança para este mundo maligno; o mundo não poderá escapar da ira do Deus Altíssimo. As chamas de fogo consumirão a terra dos incircuncisos de coração. O Dia está chegando, e não haverá como fugir para o planeta Marte; ainda que façam planos para fugir, não terão sucesso. Mesmo com todo o avanço da ciência e da tecnologia, ainda que construam naves espaciais ou tentem se esconder numa cratera no Alasca, não serão bem-sucedidos. Todos os seus projetos serão frustrados; de modo algum poderão escapar.

A ilusão não poderá livrá-los: todos estão confinados a este mundo, que irá desabar quando o Dia da Vingança chegar — sim, no Dia do Castigo Final. Não ficará pedra sobre pedra, apenas corpos amontoados. *"A terra chora e murcha; o mundo enfraquece e murcha; enfraquecem os mais nobres do povo da terra. De fato, a terra está contaminada por causa de seus habitantes, pois desobedecem às leis, deturpam os estatutos e quebram a aliança eterna."* (Is 24:4-5)

As ruas da Cidade ficarão em chamas; o fogo consumirá tudo e todos, e continuará consumindo por toda a eternidade. Tendo o Deus Todo-Poderoso acendido a fornalha, quem poderá apagá-la?

Quem poderá impedir a justa vingança? *"Contudo, o dia do Senhor virá como ladrão, no qual os céus passarão com grande estrondo, e os elementos, queimando, se dissolverão, e a terra e as obras que nela há serão descobertas. Se todas essas coisas serão assim destruídas, que tipo de pessoa deveis ser? Pessoas que vivem em santidade e piedade, aguardando e esperando ansiosamente a vinda do dia de Deus; por causa desse dia, os céus se dissolverão pelo fogo, e os elementos, ardendo, derreterão. Nós, porém, segundo sua promessa, aguardamos novos céus e nova terra, nos quais habita a justiça."* (2Pe 3:10-13)

Por acaso Deus é um Deus de ódio e de destruição?

Ou, por acaso, é um Deus que sente prazer no sofrimento?

Não, de modo nenhum. Deus é bom e fiel; Deus é misericórdia e amor. Mas Deus também é justo, e ser justo é ser bom — ser injusto não é ser bom. Por isso, Deus não poderá deixar sua justiça e sua vingança falharem, permitindo que seus inimigos saiam impunes depois de terem feito tanto mal. Não seria justo se aqueles que o rejeitaram e profanaram o seu Santo Nome, deixando de fazer a sua vontade, de lhe dar a devida honra e louvor, de lhe tributar ações de graças — pelo contrário, foram ingratos, amando a impiedade e a injustiça — não pagassem pelo mal que fizeram contra o Deus vivo.

Pois esqueceram-se de reverenciar o seu Criador, que tudo lhes proporcionou gratuitamente — de boa vontade, sem nada cobrar.

Porque, sem nenhum motivo, os homens fugiram da face de Deus, seu Criador, para viverem segundo as suas vontades malignas, pagando o bem que Deus lhes fez com o mal. *"Se continuarmos intencionalmente no pecado, depois de receber o pleno conhecimento da verdade, já não resta mais sacrifício pelos pecados, mas uma terrível expectativa de juízo e um fogo ardente que destruirá os adversários. Quando alguém rejeita a lei de Moisés, morre sem misericórdia pela palavra de duas ou três testemunhas. Imaginai quanto maior castigo merecerá quem insultou o Filho de Deus e tratou como profano o sangue da aliança pelo qual foi santificado e afrontou o Espírito da graça? Pois conhecemos aquele que disse: Minha é a vingança, eu retribuirei. E outra vez: O Senhor julgará o seu povo. Coisa terrível é cair nas mãos do Deus vivo!"* (Hb 10:26-31)

Porque Deus nos criou para servi-lo e honrá-lo, para que nos sujeitemos à sua vontade, que é justa e correta; ele nos criou para ser o nosso Deus, e não o nosso capacho. O Senhor já poderia ter acabado com este mundo, mas, por causa da sua justiça, bondade, fidelidade e misericórdia, ainda não o fez; pois sua vontade é que todos se arrependam e sejam salvos. A cada dia Deus está dando oportunidade para as pessoas se arrependerem, mas elas não querem buscar a salvação de Deus. Pensam que suas vidas lhes pertencem, pensam que Deus as criou para que fossem donas de si mesmas; mas toda criação tem um só Dono: Deus é o Dono de todas as coisas.

Ele pode fazer o que quiser — pois é Soberano, Criador e Dono de todas as coisas — pode matar e pode destruir; porém, o Senhor ainda pega leve conosco, proporcionando vida e alimento a todos.

Entretanto, tema e trema, porque ele é Deus, o nosso Criador; a ele pertencem todas as coisas, e todos nós iremos lhe prestar contas.

O Dia do Senhor virá; isso é inevitável. *"Cuidado para não rejeitardes aquele que fala. Porque, se não escaparam os que rejeitaram quem os advertia sobre a terra, muito mais nós, se nos desviarmos daquele que nos adverte dos céus. A sua voz abalou, então, a terra; mas agora ele prometeu, dizendo: Ainda uma vez abalarei não só a terra, mas também o céu. Ora, estas palavras 'Ainda uma vez' apontam para a remoção de coisas que podem ser abaladas, ou seja, as coisas criadas, para que permaneçam as inabaláveis. Por isso, recebendo um reino inabalável, sejamos gratos e, dessa forma, adoremos a Deus de modo que lhe seja agradável, com reverência e temor; pois o nosso Deus é fogo que consome."* (Hb 12:25-29)

Mas muitos pensam que a vingança de Deus não é justa; mas não é Deus que não é justo, e sim eles que são injustos. *"Eu sou o Senhor, e não há outro; além de mim não há Deus. Eu te capacito para a batalha, embora não me conheças. Para que se saiba, desde o nascente do sol até o poente, que além de mim não há outro; eu sou o Senhor, e não há outro. Eu formo a luz e crio as trevas; faço a paz e crio o mal; eu sou o Senhor que faço todas estas coisas. Derramai, altos céus; que as nuvens chovam justiça; abra-se a terra e produza salvação e, ao mesmo tempo, faça nascer a justiça. Eu, o Senhor, as criei. Ai daquele que discute com o seu Criador! O caco entre outros cacos de barro! Por acaso o barro dirá ao que o formou: Que fazes? Ou dirá a tua obra: Não tens mãos? Ai daquele que diz ao pai: O que geras? E à mulher: O que dás à luz? Assim diz o Senhor, o Santo de Israel, aquele que o formou: Vós me perguntais sobre as coisas futuras? Quereis saber sobre meus filhos e sobre a obra das minhas mãos? Eu é que fiz a terra e nela criei o homem. As minhas mãos estenderam os céus, e a todo o seu exército dei ordens."* (Is 45:5-12)

As multidões dos povos são como vermes diante do Deus imortal.

Mas o mundo desconhece a verdade, porque ama a mentira; por isso age com injustiça — Deus, porém, jamais lhe negou a verdade.

Porém, o mundo não quer a verdade; o mundo quer viver na ilusão. Tudo o que está fora da verdade é ilusão; logo, o mundo é um poço de ilusão. As almas sofrem as mazelas do pó neste mundo.

Mesmo assim, continuam amando as suas vidas mundanas.

— *Então, por que Deus permite tanto sofrimento no mundo?*

— *Por que as pessoas sofrem, se Deus as ama tanto?*

Essa é a pergunta de todos os incrédulos e hipócritas.

Em primeiro lugar: Deus permite a dor e o sofrimento, as mazelas do pó, por causa dos nossos próprios erros, pecados e maldades; isto é, colhemos o que plantamos. *"Eu agi para com eles conforme a sua impureza e as suas transgressões, e escondi deles o rosto."* (Ez 39:24)

E, em segundo lugar: Deus permite a dor e o sofrimento, que são as mazelas do pó, para que nós, que cremos em Deus, não nos apeguemos a esta vida mundana, neste plano terreno; pois Deus tem um plano bem superior e eterno após esta vida, esperando por nós.

Repito: a vida eterna é para aqueles que se sujeitam a Deus e fazem a sua vontade; para essas almas haverá esperança. Mas, para as outras almas que rejeitaram o plano divino e bem elaborado, não haverá nenhuma esperança, apenas a morte eterna e a escuridão.

Eu escolhi seguir o Senhor Jesus; fiz esta boa escolha. Depois de ter errado tanto na vida, por fim acertei uma vez, quando cri no evangelho e aceitei o Senhor Jesus como o meu Senhor e Salvador.

Mas há pessoas que fazem tudo certo na vida, sendo impecáveis diante dos homens e do mundo, tornando-se um bom exemplo de vida para o mundo e para os homens; mas, mesmo sendo um poço de responsabilidade, suas atitudes certinhas não poderão salvá-las.

Fizeram tudo certo durante toda a sua vida, menos o principal: crer no evangelho e aceitar o Senhor Jesus Cristo — o Salvador.

Que pena, pois rejeitaram o mais importante de tudo. Na verdade, rejeitaram a única coisa que realmente importa e se apegaram às coisas desnecessárias e passageiras da vida mundana, que, para a grande maioria das pessoas, não são consideradas irrelevantes. Mas, para Deus, sim: as preocupações da vida mundana são irrelevantes; pois o que mais importa para Deus é viver pela fé em Cristo e dar ouvidos à sua Palavra; é fazer a sua vontade, o amando e amando ao próximo como a si mesmo. Pois apenas uma coisa é necessária: a fé em Jesus Cristo; todo o resto é irrelevante. *"Prosseguindo viagem, Jesus entrou num povoado; e uma mulher chamada Marta recebeu-o em casa. Sua irmã, chamada Maria, sentando-se aos pés do Senhor, ouvia a sua palavra. Marta, porém, estava atarefada com muito serviço; e, aproximando-se, disse: Senhor, não te importas que minha irmã me tenha deixado sozinha com o serviço? Dize-lhe que me ajude. E o Senhor lhe respondeu: Marta, Marta, estás ansiosa e preocupada com muitas coisas; mas uma só é necessária; e Maria escolheu a boa parte, e esta não lhe será tirada."* (Lc 10:38-42)

Porque os pensamentos de Deus não são como os pensamentos dos homens, e é nisso que os homens se enganam; pois pensam que o que é bom para eles é bom para Deus — insensatos e egoístas. Por isso, muitos não sentem a necessidade de se arrepender e buscar a salvação; pois se acham justos aos seus próprios olhos e pensam que não precisam da salvação de Deus. Mas Deus julgará a verdadeira intenção dos corações, porque, aos olhos de fogo do justo Juiz, nada ficará oculto que não venha a ser revelado; nesse dia, a soberba de muitos os condenará. *"E não há criatura alguma encoberta diante dele; antes, todas as coisas estão descobertas e expostas aos olhos daquele a quem deveremos prestar contas."* (Hb 4:13)

Porque Deus sabe de todas as coisas; por isso, não ficará pedra sobre pedra que não seja derrubada. Acredite, se quiser.

Capítulo 10

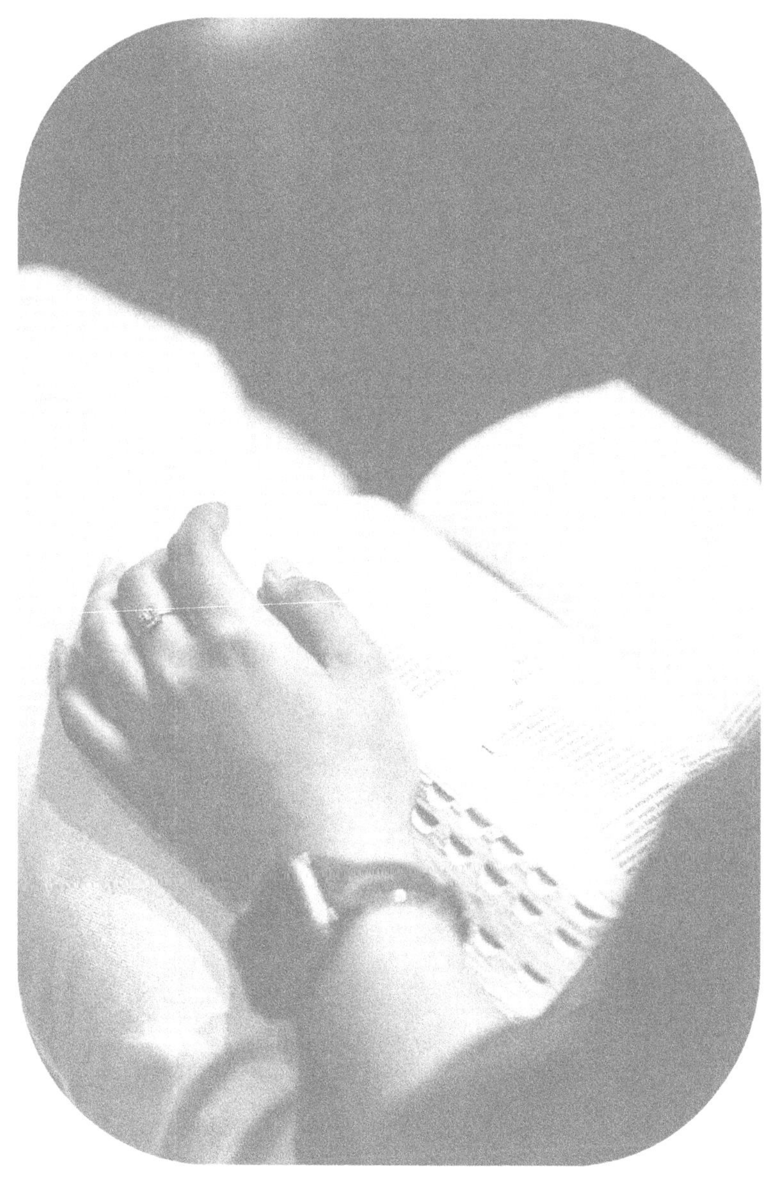

Um remanescente fiel.

"Sacia-nos de manhã com teu amor fiel, para que em todos os nossos dias nos regozijemos e nos alegremos. Alegra-nos pelos dias em que nos afligiste e pelos anos em que conhecemos a dor." (Sl 90:14,15)

Ela se afastou dos seus antigos amigos, que queriam arrastá-la para o mau caminho; uma alma recém-convertida que abraçou o evangelho de todo o seu coração. Não, ela não queria mesmo cair em tentação, por isso se desviou do mal e da cobiça que há no mundo. Já que os seus velhos amigos não queriam ouvi-la falar do amor e da salvação do Senhor Jesus, ela decidiu que os seus novos amigos seriam apenas os seus irmãos em Cristo, pois estava decidida a ser fiel a Deus. Abandonou muitos dos seus antigos hábitos, não ficava um dia sem ler a Palavra de Deus e, com isso, aprendeu a discernir entre o bem e o mal; por isso não caiu nas mentiras dos falsos profetas, nem nos erros e enganos dos pastores corrompidos.

Um dia, ela conheceu sua cara-metade na igreja — pelo menos ela pensou que fosse, porque estava cega de amor — e não percebeu que a sua cara-metade era uma alma dissimulada. Então, sem conhecer direito a sua mais recente paixão, empolgada com os sentimentos que mexiam com o seu coração, ela resolveu se casar.

Com o passar do tempo, a máscara da sua cara-metade caiu, e ela se arrependeu de ter se casado; mas não planejou se separar, porque sabia que o Senhor odiava o divórcio e, por isso, lutou para que o seu casamento desse certo. Contudo, ela sofreu por muito tempo nas mãos do seu cônjuge, que sempre a traía com outras pessoas.

Como a alma fiel poderia adivinhar que a pessoa por quem havia se apaixonado dentro da igreja não era uma alma temente a Deus?

Se ela sempre a via na igreja com a Bíblia na mão, orando como todos oravam e adorando como todos adoravam. Acho que ela pensou que a pessoa por quem havia se apaixonado era igual a ela e tinha a mesma fé e o mesmo Espírito que ela tinha — mas não.

Por isso, a alma fiel não hesitou em abrir o seu coração àquela pessoa e se tornou uma só carne com ela. Mas a alma infiel não era como a alma fiel: no amor e no temor do Senhor, na fidelidade e na integridade, na sinceridade e na retidão. Não, seu cônjuge não era nada daquilo que aparentava ser dentro da igreja — nos cultos e na presença dos irmãos de fé — mas era uma alma dissimulada, infiel e corrompida por sua cobiça imoral; um bode em pele de ovelha.

Creio que a alma fiel estava sofrendo porque foi precipitada em sua escolha; ela não soube esperar no Senhor, mas confiou em seu próprio coração, e o seu coração a enganou e lhe pregou uma peça de mau gosto. Agora ela estava sofrendo pelos seus próprios erros.

Ela errou, e com isso se prejudicou; mas não pecou contra Deus.

Contudo, a alma fiel ao seu Senhor continuou perseverando em seguir o seu Mestre e não se desviou da integridade e da retidão.

Mesmo passando por dificuldades e muitos problemas na vida, ela não murmurou nem reclamou diante da face de Deus, mas ficou firme e deu glória a Deus, andando em sua presença com gratidão.

Pois sabia que as dores deste mundo eram passageiras, isto é, irrelevantes. Todavia, se o seu cônjuge se cansar dela e pensar em ir embora, ela poderá deixá-lo partir; mas o seu Deus ela não deixará por nada neste mundo, nem pecará contra Deus pedindo o divórcio. Continuará casada até o dia em que Deus quiser — mesmo que seja até a morte. *"Se o incrédulo se separar, que se separe. Nesses casos, nem o irmão nem a irmã estão sujeitos à servidão, pois Deus nos chamou para vivermos em paz. Pois, como sabes, ó mulher, se salvarás teu marido? Ou, como sabes, ó marido, se salvarás tua mulher? Somente viva cada um como o Senhor lhe determinou, cada um como Deus o chamou. É isso que ordeno em todas as igrejas."* (1Co 7:15-17)

— *Será que Paulo se contradisse em seu próprio ensino?*

Porque em Atos dos Apóstolos ele afirmou:

"Crê no Senhor Jesus, e tu e tua casa serão salvos." (At 16:31)

Porém, na primeira carta aos Coríntios 7:16, ele disse:

"Pois, como sabes, ó mulher, se salvarás teu marido? Ou, como sabes, ó marido, se salvarás tua mulher?" (1Co 7:16)

Não, o apóstolo Paulo não estava se contradizendo; ele estava apenas revelando que nem todos os casos são os mesmos casos. Há casos que são à parte, há casos que são diferentes, há casos que são especiais. Porque é isto que a Palavra de Deus nos dá: liberdade.

Mas a alma sincera e fiel jamais usará a liberdade que vem da Palavra de Deus como um pretexto para a libertinagem, mudando o tom da Palavra para se justificar em sua cobiça — isso ela não fará.

Eu já disse uma vez, e repito: os tons das palavras mudam, assim como os tons das cores, que variam e também podem mudar. Vou dar outro exemplo, como já dei outrora; quem já leu se lembrará, está escrito: *"Além disso, o Glorioso de Israel não mente nem se arrepende, pois não é homem para que se arrependa."* (1Sm 15:29)

Mas no mesmo capítulo também diz: *"E Samuel nunca mais viu Saul até o dia da sua morte, mas teve pena de Saul. E o Senhor se arrependeu de ter colocado Saul como rei sobre Israel."* (1Sm 15:35)

É agora que entra o bom senso. Está escrito que o Senhor não é homem para se arrepender; mas, no mesmo capítulo, também diz que Deus se arrependeu de ter escolhido Saul para ser rei em Israel.

Isso parece um pouco confuso, não acham? É porque os tons das palavras mudam, conforme mudam as circunstâncias do contexto.

O tom da palavra "Deus não é homem para se arrepender" é bem diferente do tom da palavra "arrepender", que foi usada para mostrar que Deus estava "arrependido" de ter escolhido o rei Saul.

Como eu já disse: é agora que entra o bom senso. Pois os tons das palavras não são como os tons das cores, fáceis de perceber. Às vezes, é preciso ter bom senso para discernir os tons das palavras.

Como também está escrito: *"Olha para mim e tem misericórdia de mim, pois estou desamparado e aflito. Alivia as tribulações do meu coração; livra-me das minhas angústias. Atenta para a minha dor e aflição; perdoa todos os meus pecados."* (Sl 25:16-18)

E, continuando, a Palavra diz: *"Desvia de mim o teu olhar, para que eu me alegre, antes que eu vá e deixe de existir."* (Sl 39:13)

Como no caso acima, da mesma forma o tom da palavra "olhar" mudou de acordo com a mudança das circunstâncias do contexto.

Porque um tom amistoso foi usado para a palavra "olhar", mas o outro tom da mesma palavra "olhar" foi um tom repreensivo.

Quem tiver bom senso para entender isso, ótimo; mas quem não tiver bom senso para discernir essas coisas, paciência. Todavia, aquele que tiver bons olhos saberá discernir muito bem os tons das palavras; e aquele que tiver olhos maus também saberá muito bem distorcer o tom de qualquer palavra, fazendo o branco se tornar preto, ou o claro se tornar escuro. Porque tudo vai depender da própria alma: se tiver uma boa consciência ou uma má consciência.

"São os olhos a lâmpada do corpo. Se os teus olhos forem bons, todo o teu corpo será luminoso; se, porém, os teus olhos forem maus, todo o teu corpo estará em trevas." (Mt 6:22-23)

Mas eu tenho certeza de que a alma fiel sempre verá tudo com bons olhos; e a alma infiel sempre verá tudo com maus olhos.

Havia uma alma fiel que perseverava em seguir o Senhor Jesus na fé, na esperança e no amor, com integridade, pureza, fidelidade e sinceridade — mesmo em meio a uma geração de cristãos apóstatas, corrompida pela ganância. Ainda assim, ela permanecia na retidão, fiel ao seu Deus. Mesmo vendo outras almas se corromperem ao seu redor, não se deixou levar pelo exemplo das infiéis; pois não olhava para o homem nem para instituições religiosas, mas para Deus, tendo como guia a sua Palavra — e assim seguia os passos de Jesus.

Ela atentava para os preceitos mais relevantes da Palavra de Deus, e não para a tendência do mundo; pois sabia que o príncipe deste mundo não era o seu Rei, pelo contrário, era o seu inimigo.

"Já não falarei muito convosco, porque o príncipe deste mundo está chegando, e ele nada tem em comum comigo." (Jo 14:30)

Pois ela esperava o Reino do seu Justo Rei, aguardando a sua volta, olhando para cima e não para baixo; evitando entregar-se às preocupações da vida terrena e desviando o olhar da cobiça que há no mundo. Assim, ela perseverava em seguir o Senhor Jesus Cristo.

Mas ela não estava sozinha na estrada da justiça e da retidão, pois também havia muitas outras almas como ela — que andavam na fé, que não se corromperam, mas permaneceram fiéis a Deus.

Um remanescente de almas fiéis na terra dos viventes.

Sim, essa é a verdadeira igreja do Senhor Jesus Cristo, as ovelhas do seu pasto, cujos nomes das almas fiéis e bem-aventuradas estão escritos no Livro da Vida do Cordeiro; almas que viverão para sempre em um novo céu e uma nova terra, que viverão eternamente para contemplar todos os dias a glória de Deus na vida eterna.

Um remanescente fiel que não trocou a unção pelo cifrão; que não trocou a luz pelas trevas; que não trocou a verdade pela mentira; que não trocou o Reino de Deus pela grande Babilônia.

Um remanescente fiel andando em fidelidade ao seu Deus, em um mundo corrompido pelo Enganador, que jaz no príncipe das trevas.

Deus honrará esse remanescente fiel. Mas o resto que seguiu o príncipe deste mundo será lançado como a palha no fogo. *"Ele traz na mão a sua pá e limpará sua eira; recolherá o seu trigo no celeiro, mas queimará a palha com fogo que não se apaga."* (Mt 3:12)

Assim está escrito, e assim será.

Capítulo 11

Duas portas, dois caminhos.

No mundo há muitos ídolos e deuses, há muitas religiões, há muitas ideologias, há muitas filosofias, há muitas teorias; são muitos enganos, muita vaidade, muita mentira e muita ilusão.

Não há verdade nem salvação no mundo. Os olhos de Deus contemplam os filhos dos homens; comparados a Deus, nós somos como vermes sobre a face da Terra. O Altíssimo olha lá do alto, desde o seu Santo, Alto, Magnífico e Sublime Trono, e percebe que a arrogância cresce conforme a ciência aumenta. Deus vê que há homens que dão glória a outros homens, mas não se lembram de dar glória ao seu Criador — Deus também vê que há homens que odeiam outros homens, e fica envergonhado de sua própria criação.

Deus olha e vê que o homem anda desvairado e desnorteado, sendo levado pela ilusão do pouco tempo que lhe resta; e, mesmo sem ter muito tempo, ele continua desperdiçando o seu pouco e limitado tempo com sonhos que durarão um brevíssimo tempo.

"Tudo o que ele fez é apropriado ao seu tempo. Também pôs a eternidade no coração do homem; mesmo assim, ele jamais chega a compreender inteiramente o que Deus fez." (Ec 3:11)

Deus colocou a eternidade no coração do homem, mas o homem colocou a eternidade de lado e focou-se nas coisas pequenas, fúteis e passageiras do mundo; isso porque o homem é pequeno e tem uma visão limitada — isso mesmo: somos como partículas de poeira.

Pequenas partículas de poeira que pairam no ar criado e doado por Deus aos homens, que pensam ser grandes e importantes, mas, desconhecem a verdadeira grandeza e o que realmente importa.

O homem delira em suas especulações, procura, mas nada acha; corre, mas não sai do lugar; busca, mas não consegue alcançar. Não encontra a verdade porque se prendeu à mentira; não consegue ver a luz porque se escondeu no breu. *"E o julgamento é este: a luz veio ao mundo, e os homens amaram as trevas em lugar da luz..."* (Jo 3:19)

O homem é isso: é fraco, é falho, é submisso ao inimigo; mas resiste àquele que é Soberano e digno de toda nossa submissão.

Homens insensatos! Quando irão acordar do sono da morte?

Há um ditado que diz: "Todos os caminhos levam a Deus."

Mas essa é só mais uma mentira entre as muitas mentiras que há no mundo. Porque, na verdade, só há um Caminho que nos leva a Deus — e este Caminho se chama Jesus Cristo, o Senhor da glória.

(Será que mais uma vez estou sendo clichê?)

De fato, continuarei sendo clichê em minhas mensagens, até que as almas entendam que só há dois caminhos para o homem seguir.

Não há três ou quatro, ou seis ou sete, ou dezenas ou centenas, ou milhares e milhões de caminhos — mas há apenas dois caminhos e duas portas, apenas duas escolhas. Mas, por causa da imaginação fértil do coração do homem, acabaram por surgir vários caminhos, várias religiões, várias crenças, várias utopias, várias teorias criadas pelos enganos da mente humana; mas é claro que tudo isso veio através das sugestões mentirosas do Diabo — o pai da mentira — o grande enganador do mundo. *"E foi expulso o grande dragão, a antiga serpente, chamada Diabo e Satanás, que engana todo o mundo. Ele e seus anjos foram lançados à terra."* (Ap 12:9)

O enganador continua enganando os homens que rejeitam a verdade; desde o princípio ele vem enganando os povos e as nações, e continuará enganando até o fim, até chegar o Dia e o Tempo em que Deus dará um ponto final em suas mentiras. Mas, enquanto esse dia não chega, o enganador continuará enganando o mundo.

Sabendo que pouco tempo lhe resta, ele fará o máximo para levar o maior número de almas com ele para a perdição eterna; isso está acontecendo neste exato momento. Enquanto eu, pela graça de Deus, estou falando a verdade, outros estão propagando a mentira; neste mar agitado pelas diversas crenças, muitos estão se afogando.

O homem complica tudo; Deus, porém, simplifica tudo quando nos revela que há apenas um Caminho — o Senhor Jesus Cristo.

Toda obra que é construída fora do alicerce chamado Jesus Cristo é obra do enganador, que levará as almas ao mais profundo abismo. Porque há apenas dois caminhos e duas portas: o caminho que nos leva à salvação da alma e à vida eterna, e o caminho que nos leva à perdição da alma e à morte eterna. A porta que nos leva a Deus e a porta que nos leva ao Diabo. Não existem outros caminhos nem outras portas; não há outras saídas de emergência; não existem outras realidades alternativas. Não existe o céu de Buda e o céu de Cristo; não existe o céu hindu e o céu cristão; não existe o céu muçulmano e o céu cristão; não existe o céu ateu e o céu cristão; não existe o céu do ocultismo e o céu do evangelho; não existe o céu do misticismo e o céu do cristianismo; não existe o céu dos feiticeiros e o céu dos crentes; não existem outros planetas e outras formas de vida extraterrestre; não existe outra verdade senão o Senhor Jesus Cristo; não existe nada além de Deus e do Diabo.

Não há vários infernos nem tampouco vários paraísos.

Não há vários criadores do mundo; há um só Criador.

Não há vários inimigos; há um só inimigo: o Diabo e seus anjos.

Não há vários deuses; há um só Deus e um só Caminho.

Não existe meio-termo; só existe a verdade e a mentira.

Cinco mais cinco é igual a dez, simples assim; não há como mudar isso, não há como obter outro resultado. Assim também não há como negar que só há dois caminhos — negar isso é se iludir.

Existem apenas duas portas e dois caminhos, é simples.

Se alguém disser: — *Não, deve haver outras escolhas!*

Essa pessoa está perdida e entrará pela porta do inferno.

Mesmo que não queira ir para o inferno, ela irá. Pois negou a verdadeira Porta e o verdadeiro Caminho: o Senhor Jesus Cristo.

Pois há um só Caminho verdadeiro que nos leva à salvação:

O Senhor Jesus Cristo; todos os outros caminhos levarão à perdição eterna. O Caminho da verdade é apenas um, assim como Deus também é um; mas os caminhos da mentira são vários — são todos os outros caminhos — fora de Cristo. *"Há um caminho que ao homem parece correto, mas o fim dele conduz à morte."* (Pv 14:12)

Mas a maioria dos homens transformou o arco-íris em um grande tobogã, como um parque de diversões, e não o viu como um sinal do Céu; assim, o homem ignorou a aliança que Deus fez com ele.

E mesmo quando Deus renovou a aliança, pintando todas as cores do arco-íris de vermelho, com o sangue do Cordeiro, ainda assim, a maioria deles fez pouco caso da nova e eterna aliança. O que Deus fará com os homens que profanam o seu Santo Nome?

Dará a eles uma recepção calorosa em seu Reino?

Ou fechará a porta diante de suas faces?

Sim, Deus é justo e verdadeiro, e deixará a alma rebelde entrar pela porta que, durante toda a sua vida terrena, ela escolheu para si.

A porta do Céu e a porta do inferno estão diante de todas as almas da terra; é uma questão de escolha, e não há almas inocentes.

Deus jamais cometerá nenhuma injustiça: aquele que escolheu a porta do Céu irá para o Céu; e aquele que escolheu a porta do inferno irá para o inferno — isso é mais do que certo — isso é justo.

No entanto, muitas almas andam durante toda a sua vida terrena optando pela porta do inferno, vivendo a vida longe de Deus; porém, quando partem desta vida terrena para o além, querem entrar pela porta do Céu. E isso acontece na maioria dos casos.

Acredite se quiser: eles andam no caminho da escuridão, rumo à porta do inferno, pensando que estão indo para a porta do Céu.

Eles negam o Senhor do Céu, mas querem ir para o Céu.

Verdadeiramente são almas cheias de capricho e de ilusão.

Como todos receberam tudo de graça nesta vida — a vida, a paz, a alegria, o amor, enfim — acreditam que da mesma forma será após a morte, no além. Por isso não se preocupam com a salvação.

Pois acreditam que receberão tudo de graça, na outra vida, após a morte; assim como receberam tudo de graça nesta vida terrena.

Mas há um preço para entrar pela porta do Céu, e o Senhor Jesus pagou esse preço. Por isso só podem entrar pela porta do Céu aqueles que aceitarem o preço que o Senhor Jesus Cristo pagou para nos salvar. Em outras palavras: eu preciso aceitar o Senhor Jesus como o meu Senhor e Salvador, para que eu possa entrar no Reino de Deus, no Céu dos céus, que está no caminho oposto do inferno.

Eu não posso entrar no Céu andando pelo caminho do inferno, nem tampouco posso ir para o inferno andando pelo caminho do Céu. Porque Deus é justo, e justo será o seu Julgamento, de fato.

Mas a vontade de Deus é que todos se arrependam do mal.

"O Senhor não retarda a sua promessa, ainda que alguns a considerem demorada. Mas ele é paciente convosco e não quer que ninguém pereça, mas que todos venham a se arrepender." (2Pe 3:9)

Não brinque de cabra-cega, pois estou desvendando os teus olhos. Depois não diga que ninguém te avisou, pois estou te mostrando que só há duas portas e dois caminhos para o homem seguir: a luz ou as trevas, o bem ou o mal, Deus ou o Diabo, o Céu ou o inferno. O que vai além disso são mentiras, fantasias e delírios da mente e do coração humano; são meras ilusões e superstições.

Capítulo 12

Crônicas do Apocalipse.

A humanidade vivia a sua vida normal: *"todos comiam, bebiam, casavam e davam-se em casamento..."* (Mt 24:38)

Os ladrões continuavam roubando; os adúlteros continuavam adulterando; os feiticeiros continuavam com suas feitiçarias; os devassos continuavam com suas luxúrias; os idólatras continuavam com suas idolatrias; os mentirosos continuavam mentindo; os homicidas continuavam odiando; os corruptos continuavam na corrupção; os assassinos continuavam matando; os enganadores continuavam enganando; os adoradores do príncipe das trevas continuavam amando o mundo; os bêbados continuavam se embriagando; os depravados continuavam na imoralidade; a inveja e a cobiça continuavam a sujar os corações; os homossexuais continuavam na homossexualidade; as feministas continuavam buscando a superioridade de gênero; os políticos continuavam a fazer politicagem; os ricos continuavam ficando cada vez mais ricos; as mentiras e os enganos continuavam crescendo; os gananciosos continuavam amando o dinheiro; os que choravam continuavam chorando; os que sorriam continuavam sorrindo; os justos e fiéis perseveravam na prática da justiça; os ímpios e infiéis continuavam na impiedade; o remanescente fiel continuava buscando a glória de Deus; os corrompidos continuavam buscando a glória do mundo; os líderes e o povo da igreja continuavam se corrompendo, enfim.

A humanidade vivia a sua vida normal: cada alma com as suas preocupações e com os seus cuidados, cada um correndo atrás dos seus sonhos egoístas, cada um buscando os seus próprios interesses pessoais; porque assim era a mentalidade da maioria dos homens:

"Cada um por si e Deus por todos". Ninguém estava esperando o fim, mas o fim estava próximo; mais próximo a cada tic-tac do relógio. *"Desde então, começou Jesus a pregar e a dizer: Arrependei-vos, porque é chegado o Reino dos céus."* (Mt 4:17)

Porém, a humanidade continuava distraída e despreocupada.

Mas o mundo, como eles conheciam, jamais seria o mesmo, pois o fim dos tempos estava chegando ao mundo dos filhos rebeldes.

E, aparentemente, o mundo estava melhor do que nunca.

Quem, dentre eles, poderia imaginar o Apocalipse?

Quem poderia imaginar que o fim estava chegando?

Não, isso era algo que o homem jamais esperava que fosse acontecer. (Mas, querendo ou não, essas coisas iriam acontecer.)

— *O tempo chegou, Jesus está voltando!*

Assim clamava o pregador com toda a sua força às almas que iam passando por ele, mas ninguém lhe ouvia nem lhe dava crédito; pelo contrário, zombavam dele e o chamavam de louco fanático.

Isso porque ninguém estava esperando a volta de Cristo.

Por isso, não conseguiam ver os sinais do fim dos tempos.

Mas havia um remanescente de sábios que sabia que aquele homem que havia subido ao poder, e que estava causando uma grande polêmica no mundo inteiro, não era um homem comum como os demais; ele tinha algo de anormal que cativava os povos, e não somente os povos, mas também os homens mais poderosos e influentes do mundo. Os sábios tinham certeza de que aquele homem era o anticristo: a besta que havia de subir do abismo para enganar os povos. E, de fato, era mesmo a besta; o anticristo havia se revelado junto com o falso profeta, que falava na mídia acerca do novo templo erguido em Jerusalém com o auxílio da besta.

Os judeus o receberam como o seu Messias, e o mundo estava começando a cair em seus enganos e em seu grande e definitivo golpe, que levaria o reino dos homens à ruína total e ao fim da Babilônia. A igreja, há muito tempo, em sua maior parte, estava corrompida, amando o mundo do príncipe; mas também havia um remanescente fiel que não se corrompeu como os demais cristãos.

O quinto selo foi aberto, e o anticristo se revelou ao mundo.

A Grande Tribulação estava por vir; ela ainda não havia chegado, mas os rumores de perseguição estavam crescendo.

E muitos cristãos, por causa do novo templo em Jerusalém, aprovavam as obras dos judeus, apostatando assim de sua fé cristã.

Porque assim como os judeus estavam sacrificando animais no altar do novo templo, muitos cristãos também estavam sendo tentados a fazer o mesmo, aprovando os tais sacrifícios do novo templo — profanando, dessa forma, o sacrifício feito por Cristo na cruz do Calvário, para pagar o preço dos pecados da humanidade.

A apostasia da igreja começava a ganhar uma força surreal. Tudo estava mudando no mundo: o anticristo era um homem inteligente e poderoso, e as lideranças mundiais se curvaram aos seus pés, pois o Dragão lhe havia concedido toda a sua autoridade e influência.

Junto com o falso profeta, ele operava sinais sobrenaturais e, com isso, ganhava a atenção do mundo inteiro. E blasfemava sem cessar contra o verdadeiro Deus Criador, e aos poucos ia colocando o mundo inteiro contra Cristo. Os ricos, as celebridades e os maiorais do mundo — os grandes nomes da sociedade — estavam cegamente apaixonados pela besta; e a besta, por sua vez, cheia de arrogância, se exaltava grandemente sobre todos. Todos os habitantes da terra começaram a seguir a besta, que cada vez mais se engrandecia como se fosse Deus. Pois essa era a sua vontade e o seu propósito: ser adorado como se fosse Deus — juntamente com o grande Dragão.

Mas os fiéis à Palavra de Deus, que tinham entendimento, não o aceitavam nem se deixavam enganar por seus sinais de ilusionismo, pois as blasfêmias que saíam de sua boca maligna contra Deus eram grandes. Contudo, as ovelhas débeis foram enganadas facilmente; pois os pastores corrompidos as fizeram cair nos enganos da besta.

A igreja começou a se dividir, pois havia líderes que apoiavam a besta; outros líderes, porém, se opunham a ele. Todavia, boa parte da igreja que estava corrompida começou a cair em si e se voltou para Deus — quando viram os sinais — e reconheceu a face da besta. Muitos se arrependeram e se converteram de todo o coração.

Por outro lado, muitos que eram da igreja se perderam para sempre, pois, ao negar a fé em Cristo, aderiram à mensagem da besta, que continuava blasfemando contra Deus e jogando todos contra Jesus Cristo com suas pregações diabólicas e anticristãs.

Mas a besta estava trazendo prosperidade ao mundo inteiro, resolvendo várias questões nunca antes resolvidas; e assim o mundo foi entregue em suas mãos, e todos confiaram na besta. Aliás, quase todos, pois ainda havia um remanescente fiel na terra dos viventes, que era contra o governo do anticristo, pois conheciam a verdade.

As coisas, porém, estavam começando a ficar difíceis para a igreja fiel, porque o anticristo continuava blasfemando contra Deus e também passou a perseguir os seguidores de Jesus, que professavam a sua fé em Deus e em Cristo, indo totalmente contra a ideologia e a vontade diabólica da besta, do falso profeta e do grande Dragão.

O falso profeta promovia a adoração à imagem da besta e pregava contra Deus e contra o nome do Senhor Jesus; a besta e o falso profeta amaldiçoavam o Nome do Deus Bendito e Verdadeiro, e blasfemavam contra o Rei dos reis e Senhor dos senhores. Por isso, todos os que aceitavam a sua marca — ou seja, o número do seu nome — automaticamente assinavam um termo de condenação eterna; porque estavam aprovando todas as blasfêmias que a besta proferia contra Deus, concordando com todo o mal que ele fazia diante da face do verdadeiro Deus e, com isso, os seguidores da besta tornavam-se cúmplices de suas abominações contra Cristo.

Porque grande era a abominação assoladora.

O filho do Dragão se fortaleceu e cresceu em seu governo; o mundo inteiro estava sob uma só bandeira, e a arrogância do homem ficou aos seus pés. Ele se tornou um tirano soberano no mundo inteiro e abusou de sua autoridade. Revelou ao mundo a sua tirania, e o mundo o seguiu e o adorou, e assim rejeitou o Deus Fiel.

E todos sabiam muito bem o que estavam fazendo. Por isso, suas escolhas erradas os condenariam para sempre. *"Vi subir do mar uma besta com dez chifres e sete cabeças, e sobre os chifres havia dez coroas, e sobre as cabeças trazia nomes de blasfêmia. A besta que vi era semelhante a um leopardo, seus pés eram como os de um urso, e sua boca, como a de um leão. O dragão deu-lhe seu poder, seu trono e grande autoridade. [...] Então, toda a terra se maravilhou e seguiu a besta. E todos adoraram o dragão, pois concedeu sua autoridade à besta; e adoraram a besta, dizendo: Quem é semelhante à besta? Quem poderá lutar contra ela? Foi-lhe dada uma boca que proferia coisas arrogantes e blasfêmias; e foi-lhe dada autoridade para agir durante quarenta e dois meses. Ela abriu a boca para blasfemar contra Deus e difamar seu nome, seu tabernáculo e os que habitam no céu. Também lhe foi permitido atacar os santos e vencê-los; e foi-lhe dada autoridade sobre toda tribo, povo, língua e nação."* (Ap 13:1-8)

Nos primeiros anos do seu governo, o anticristo preparou o terreno e fez o mundo inteiro segui-lo com suas mentiras e enganos.

Mas o mundo estava prestes a ter uma grande decepção com o seu governante universal, pois o anticristo estava levando o reino dos homens ao fim, de uma vez por todas, devido às suas grandes blasfêmias contra Deus. Isso abriu uma ferida incurável no mundo.

Sua provocação contra Deus foi tão grande que atravessou as nuvens brancas, rasgou o céu azul e penetrou além do escuro céu estrelado. Isso incomodou os ouvidos do Deus Altíssimo e Todo-Poderoso, e a sua ira se acendeu contra os habitantes deste mundo.

Por isso, Deus se viu obrigado a se levantar do seu Santo e Eterno Trono para se vingar de todos os seus inimigos — para dar fim de uma vez por todas a todos os que se levantaram contra Ele neste mundo ingrato, que traíram o Criador com a criatura já condenada.

E assim dar início a um novo mundo — isto é, a um novo céu e uma nova terra; sim, para cumprir a promessa feita aos seus santos.

Porque será a Grande Tribulação que fará o Deus vivo voltar.

E a Grande Tribulação estava prestes a começar.

Capítulo 13

Crônicas da Grande Tribulação.

"...porque naqueles dias haverá tribulação como nunca houve desde que Deus criou o mundo até agora, nem jamais haverá. Se o Senhor não abreviasse aqueles dias, ninguém seria salvo. Mas, por causa dos eleitos que escolheu, ele abreviou aqueles dias." (Mc 13:19-20)

Vulgarmente falando, a batata estava assando e o bicho estava pegando no mundo governado pelo anticristo, pois ele havia tirado a sua máscara dissimulada e revelado a sua verdadeira face maligna.

O mundo estava em suas mãos — e estava sangrando de dor.

"Proferirá palavras contra o Altíssimo, magoará os santos do Altíssimo e cuidará em mudar os tempos e a lei; e os santos lhe serão entregues nas mãos, por um tempo, dois tempos e metade de um tempo. [...] Grande é o seu poder, mas não por sua própria força; causará estupendas destruições, prosperará e fará o que lhe aprouver; destruirá os poderosos e o povo santo. Por sua astúcia nos seus empreendimentos, fará prosperar o engano, no seu coração se engrandecerá e destruirá a muitos que vivem despreocupadamente; levantar-se-á contra o Príncipe dos príncipes, mas será quebrado sem esforço de mãos humanas." (Dn 7:25) (Dn 8:24-25)

Os judeus se decepcionaram com o seu messias, pois ele não era nada daquilo que eles esperavam, e as perseguições contra todos os que não aceitavam a sua marca eram ferrenhas. Eram dias de muita tribulação. *"Ela obrigou a todos, pequenos e grandes, ricos e pobres, livres e escravos, a colocarem um sinal na mão direita ou na testa, para que ninguém pudesse comprar ou vender se não tivesse o sinal, ou seja, o nome da besta ou o número do seu nome. Aqui existe sabedoria. Quem tiver entendimento, calcule o número da besta, pois é número de homem. Seu número é seiscentos e sessenta e seis."* (Ap 13:16-18)

O mundo estava em chamas e em um grande impasse, porque ou escolhiam o Deus Criador ou o falso deus, o anticristo — a besta havia deixado isso bem claro e visível a todos os homens da terra.

Pois os que escolhiam a besta e a sua marca continuavam tendo uma vida normal neste mundo, mas os que escolhiam a Deus, negando a marca da besta, tinham todos os seus bens confiscados e não tinham mais o direito de trabalhar, nem de comprar, nem de vender, nem sequer o direito de receber um tratamento médico em um hospital. Não tinham direito a mais nada no mundo governado pelo anticristo. Por isso, todos os que tinham posses e bom status, não querendo perder tudo que possuíam, aceitavam a marca da besta, tornando-se cúmplices de suas blasfêmias e pecados contra o verdadeiro Deus; e até mesmo muitos cristãos blasfemaram contra Deus junto com a besta, pois aceitaram a sua marca por amar o mundo e os seus bens materiais e, assim, negaram o Deus da paz.

Mas os crentes fiéis perseveravam em não receber a marca da besta, porque sabiam que, se a aceitassem, estariam concordando com ela em todas as suas blasfêmias, mentiras e abominações contra o Deus Bendito e contra o Cordeiro. *"Ele perverterá com engano os que tiverem violado a aliança; mas o povo que conhece o seu Deus se tornará forte e mostrará resistência. Os sábios do povo ensinarão a muitos; porém serão feridos pela espada e pelo fogo, pelo cativeiro e pelo despojo por muitos dias. Mas, quando forem feridos, serão ajudados com pequeno socorro; porém muitos se ajuntarão a eles com engano. Alguns dos sábios cairão para serem refinados, purificados e embranquecidos, até o fim do tempo, pois isso ainda será para o tempo determinado. O rei fará conforme bem entender; ele se exaltará e se engrandecerá sobre todo deus, e dirá coisas terríveis contra o Deus dos deuses; e será próspero, até que se cumpra a indignação; pois aquilo que está determinado será feito."* (Dn 11:32-36)

Eram dias terríveis para a igreja, dias de Grande Tribulação.

Dias de fuga e de tumulto, dias de fome, de sede e de frio — dias de vergonha, dias de aflição e de medo que nunca chegavam ao fim.

Muitas almas fiéis a Deus se ajuntaram para, juntas, conseguirem sobreviver às perseguições da besta; vidas que foram perseguidas, presas, torturadas e mortas pelas legiões de soldados da besta.

Mas o Arcanjo Miguel, recebendo a ordem de Deus, se levantou naqueles dias para lutar pelos eleitos — o remanescente fiel — que, como a igreja da Filadélfia, manteve a fidelidade e a integridade diante do Senhor, enquanto muitos se corrompiam. *"Naquele tempo, Miguel, o grande príncipe, se levantará a favor dos filhos do teu povo; e haverá um tempo de tribulação como nunca houve desde que existiu nação até então; mas, naquele tempo, o teu povo, todo aquele cujo nome estiver escrito no livro, será liberto."* (Dn 12:1)

Escondidos do radar do anticristo, muitos trabalhavam e lutavam para sobreviver, para matar a fome que os consumia e curar as suas feridas. Grande era a escassez, mas eles sabiam que o seu Salvador em breve viria. Escondidos em buracos e em cavernas, no meio do mato, longe da visão do mundo, com frio, com fome e com medo, largaram tudo para trás e fugiram para não serem mortos.

Fugiram dos seus próprios pais, dos seus próprios filhos e dos seus próprios cônjuges; fugiram dos seus próprios parentes e dos seus vizinhos, pois corriam o risco de serem denunciados, presos, torturados ou mortos por não aceitar a marca da besta e por não adorar a sua imagem transmitida por todos os meios tecnológicos e avançados da mídia e da comunicação. Os olhos da besta estavam por toda parte, nas ruas e nas casas — por meio das câmeras de monitoramento que captavam e enviavam imagens via satélite ou pelos cabos de fibra óptica direto para o Pentágono da besta.

Porém, outras almas mais ousadas bateram de frente com a besta, glorificaram o nome do Senhor Jesus e foram mortas. Morreram como mártires e, assim, fortaleceram a fé e o ânimo de muitos, que também estavam decididos a morrer para a glória de Deus.

Assim eles renegavam a besta e a sua marca, que vinha repleta de inúmeras abominações e blasfêmias contra o verdadeiro Deus.

Porque quem aceitava a marca se tornava cúmplice da besta. Ou seja, se tornava coparticipante de suas blasfêmias e abominações.

Naquele tempo de angústia e aflição, surgiram dois profetas em Jerusalém, testemunhando acerca da verdade. Com grande poder e sinais, eles abalavam o império do anticristo com suas pregações.

E ninguém ousava calar as duas testemunhas vestidas de pano de saco, pois de suas bocas saía fogo que consumia todos os que tentavam impedi-las. O mundo ficou bastante perturbado com esses dois profetas, pois eles denunciavam seus erros e pregavam a mais pura verdade. E isso incomodava muito a besta e os seus seguidores.

"Concederei às minhas duas testemunhas que profetizem durante mil duzentos e sessenta dias, vestidas de pano de saco. Estas são as duas oliveiras e os dois candelabros que estão diante do Senhor da terra. Se alguém quiser lhes causar dano, de sua boca sairá fogo que devorará os seus inimigos; pois, se alguém quiser lhes causar dano, certamente será morto. Elas têm poder de fechar o céu para que não chova durante os dias da sua profecia, e têm poder sobre as águas, para convertê-las em sangue, e também para ferir a terra com todo tipo de praga, quantas vezes quiserem." (Ap 11:3-6)

Os dois profetas chamavam-se Elias e Enoque. Os judeus se voltaram contra a besta e aceitaram o verdadeiro Messias, o Senhor Jesus Cristo. Porém, Jerusalém foi sitiada, e não foram poucos os judeus que foram mortos pela besta — que se sentou no santuário de Deus, isto é, no corpo humano, fazendo-se carne e ostentando-se como se fosse o próprio Deus. Mas a diferença foi que Cristo veio do alto, e o anticristo veio de baixo; foi o Deus Pai que enviou o Senhor Jesus Cristo, que habitava na glória, à sua direita; e foi Satanás que enviou o anticristo e lhe deu o seu trono e autoridade.

A besta veio do mais profundo abismo do inferno. Isto é, a besta parecia um homem, mas não era. *"A besta que viste era e já não é; todavia está para subir do abismo e irá para a perdição."* (Ap 17:8)

A besta que era e já não é — era um dos anjos que seguiu o Dragão na sua rebelião, um anjo próximo ao grande Dragão.

(O anticristo não será um homem qualquer; será um demônio no corpo de um homem, por isso a Palavra lhe chama de homem do pecado. Pois a besta se assentará no santuário de Deus, isto é, ele subirá do abismo e tomará a forma humana.) *"Ninguém vos engane de modo algum, pois isso não acontecerá sem que primeiro venha a apostasia e seja revelado o homem do pecado, o filho da perdição, que se opõe e se levanta contra tudo que se chama Deus ou é objeto de adoração, a ponto de assentar-se no santuário de Deus, apresentando-se como Deus. Não vos lembrais de que eu vos dizia essas coisas quando estava convosco? E agora sabeis o que o detém para que seja revelado no tempo certo. Pois o mistério da impiedade já está atuando, e falta apenas ser tirado do caminho aquele que agora o detém; e então esse ímpio será revelado, a quem o Senhor Jesus matará com o sopro de sua boca e destruirá com a manifestação da sua vinda. A vinda desse ímpio se dá por meio da força de Satanás, com todo o poder, sinais e falsos milagres, e com todo o engano da injustiça para os que perecem, pois rejeitaram amar a verdade para serem salvos. É por isso que Deus lhes envia a atuação do erro, para que creiam na mentira, para que sejam julgados todos os que não creram na verdade, mas tiveram prazer na injustiça."* (2Ts 2:3-12)

A raça humana havia chegado a um estado tão deplorável de pecado e rebeldia, que Deus permitiu a vinda e a ação do anticristo para punir o mundo corrompido pela injustiça. Mas o mundo dos rebeldes ainda não estava sendo punido. Pois a Grande Tribulação só trouxe desgraça para as almas que rejeitavam a marca da besta.

Pois os outros habitantes do mundo, que seguiam a besta, ainda viviam tranquilamente, pensando que o mal venceria o bem, ou que o Diabo venceria a Deus, enfim. Isso sim era uma grande ilusão.

Porque a alegria deles estava prestes a acabar, pois os dias da Grande Tribulação estavam chegando ao fim, e o Dia da Justa Vingança de Deus se aproximava — Jesus já não iria mais esperar.

A perseguição aos santos foi grande, o número dos mortos era incontável, o sangue dos santos clamava a Deus, e Deus estava ouvindo o seu clamor. Mas a dor que sofriam ao serem mortos na Grande Tribulação não se comparava à alegria que estava por vir na vida eterna, no Reino e na Glória de Deus. Entretanto, para as almas que adoraram a besta e receberam a sua marca, pensando que estavam por cima, se beneficiando com suas péssimas escolhas, fazendo a vontade do Diabo e renegando o Santo, Único, Soberano e Verdadeiro Deus; para essas almas já condenadas juntamente com o anticristo e com o falso profeta, tudo que lhes restava para o futuro era o Cálice sem mistura da ira de Deus e o tormento eterno.

Mas antes do tormento eterno, ainda haveria punição na terra para a Ordem 666, através das sete trombetas e das sete taças da ira de Deus. Essas almas que agiram perversamente, com astúcia e cobiça no coração, nunca mais teriam descanso na vida — mas isso era algo que eles não sabiam; que tristeza para eles. *"Seguiu-os ainda o terceiro anjo, proclamando em alta voz: Se alguém adorar a besta e a sua imagem, e receber o sinal na testa ou na mão, também beberá do vinho da ira de Deus, preparado no cálice da sua ira, sem mistura; e será atormentado com fogo e enxofre diante dos santos anjos e do Cordeiro. A fumaça do seu tormento sobe para todo o sempre; e não têm repouso, nem de dia nem de noite, os que adoram a besta e a sua imagem, nem aquele que recebe o sinal do seu nome."* (Ap 14:9-11)

As almas que foram cúmplices da besta sofrerão o pior castigo.

Todavia, os sábios que estavam vencendo a Grande Tribulação, negando a besta e a sua marca, já no limite de suas forças, ouviram o soar de uma trombeta e, ao olharem para cima, viram o seu Salvador vindo com grande Glória sobre as nuvens do céu.

Capítulo 14

A Glória do Grande Rei.

As perseguições continuavam; já haviam passado mais de três anos de Grande Tribulação. Parecia até que o anticristo iria prevalecer e vencer; o remanescente fiel já estava no seu limite, e a esperança estava quase morrendo. Mas, aos quarenta e cinco minutos do segundo tempo, quando ninguém esperava, eis o barulho do ladrão vindo sobre as nuvens do céu. Ao toque do arcanjo, ouviu-se o ressoar da trombeta; os santos olharam para cima e, atônitos de uma alegria indescritível, maravilhados, viram Aquele que havia de vir. Grande era a sua glória, e não houve olhos que não o vissem sobre a superfície da terra e debaixo da terra.

Todos viram a glória do Grande Rei — Jesus Cristo. *"Porque, ouvida a voz do arcanjo e ressoada a trombeta de Deus, o próprio Senhor descerá do céu com grande brado, e os que morreram em Cristo ressuscitarão primeiro. Depois, nós, os que estivermos vivos, seremos arrebatados com eles nas nuvens, ao encontro do Senhor nos ares, e assim estaremos para sempre com o Senhor."* (1Ts 4:16-17)

O sexto selo foi aberto; o Senhor Jesus voltou como prometera.

Os homens, perplexos e com o queixo caído, correram e fugiram da sua gloriosa presença, pois a visão era tremenda e assustadora.

Mas para os sobreviventes, a visão era maravilhosa. *"Vi quando Ele abriu o sexto selo, e houve um grande terremoto. O sol escureceu como saco de cilício, e a lua toda tornou-se como sangue; e as estrelas do céu caíram sobre a terra, como figos verdes derrubados da figueira por um vento forte. O céu recolheu-se como um rolo, e todos os montes e ilhas foram removidos de seus lugares. Os reis da terra, os nobres, os chefes militares, os ricos, os poderosos, todo escravo e todo homem livre esconderam-se nas cavernas e nas rochas das montanhas. E diziam aos montes e rochedos: Caí sobre nós e escondei-nos da face do que está assentado no trono e da ira do Cordeiro, porque chegou o grande dia da ira deles! Quem poderá subsistir?"* (Ap 6:12-17)

Os que estavam mortos saíram do Paraíso e foram voando com os anjos ao encontro do Senhor. Os sobreviventes do Apocalipse foram arrebatados e, deixando os seus corpos físicos, subiram levitando em seus corpos espirituais e glorificados até o Senhor; e o resto do mundo não podia acreditar no que os seus olhos estavam vendo. Uma grande e terrível visão. Era demais para ser processada pela mente humana. Por isso, os olhos dos homens saltavam de tanto pavor, pois a visão da glória do Grande Rei era sobremaneira atormentadora para o mundo. Depois desse acontecimento, o mundo jamais foi o mesmo. O mundo e a besta viram a face daquele que tanto provocaram e temeram muito, sabendo que o castigo ainda estava por vir; porém, o mundo continuou seguindo o protocolo da besta. Mas perceberam que Deus não mais se calaria diante de suas afrontas e desejaram fugir da terra dos viventes, mas não tinham para onde correr. Foi um pânico generalizado, pois as chamas de fogo lhes perturbaram. *"Contudo, o dia do Senhor virá como ladrão, no qual os céus passarão com grande estrondo, e os elementos, queimando, se dissolverão, e a terra e as obras que nela há serão descobertas. [...] Por causa desse dia, os céus se dissolverão pelo fogo, e os elementos, ardendo, derreterão."* (2Pe 3:10,12)

Depois do arrebatamento da Igreja, as duas testemunhas, vestidas de pano de saco, continuaram a dar o seu testemunho. Mas o anticristo, já irado com os acontecimentos que ocorreram, partiu com grande ira contra as duas testemunhas e as matou — assim a besta prevaleceu contra os dois profetas e, por enquanto, recobrou o controle. O mundo inteiro se alegrou com esse acontecimento.

Sim, novamente os povos se alegraram, pois viram que Deus não os livrou das mãos da besta; e, com isso, pensaram que Deus havia deixado o mundo para eles, levando apenas a sua Igreja para o Céu.

E se alegraram muitíssimo com a grande vitória da besta.

Pensaram que Deus havia voltado apenas para buscar o seu povo e que não voltaria nunca mais à terra, nem tampouco se vingaria.

Mas, outra vez, como muitas outras vezes, o mundo se enganou.

Porque algo sobrenatural aconteceu: Deus ressuscitou os dois profetas à vista de todos e mostrou ao mundo que a sua vingança não mais tardaria. *"Quando concluírem o seu testemunho, a besta que surge do abismo os atacará, vencerá e matará. Seus corpos ficarão estendidos na praça da grande cidade, espiritualmente chamada Sodoma e Egito, onde também o seu Senhor foi crucificado. Pessoas de vários povos, tribos, línguas e nações verão seus corpos durante três dias e meio e não permitirão que sejam sepultados. Os habitantes da terra se alegrarão sobre eles e comemorarão; enviarão presentes uns aos outros, pois aqueles dois profetas atormentavam os habitantes da terra. Depois dos três dias e meio, um espírito de vida, vindo de Deus, entrou neles, e eles ficaram em pé, e os que os viram foram tomados de grande temor. Então ouviram uma forte voz do céu, que lhes dizia: Subi vós para cá. E eles subiram ao céu em uma nuvem, e seus inimigos os viram. Naquela hora houve um grande terremoto, e a décima parte da cidade caiu, e foram mortos sete mil homens no terremoto; os demais ficaram atemorizados e deram glória ao Deus do céu. O segundo ai passou, e o terceiro está por vir."* (Ap 11:7-14)

O primeiro ai foi a volta de Cristo; o segundo ai foi a ressurreição dos dois profetas; e o terceiro ai serão as sete trombetas e as sete taças da Justa Vingança de Deus. Ai dos moradores do mundo!

Depois daqueles acontecimentos — da volta do Senhor Jesus, do arrebatamento da igreja, e da morte e ressurreição dos dois profetas, isto é, das duas testemunhas — Deus selou na testa cento e quarenta e quatro mil homens. Homens que Deus havia comprado e separado para si, para aquele momento, para servirem ao verdadeiro Deus.

Homens de todas as tribos dos filhos de Israel, exceto a tribo de Dã. Deus os selou para que eles o servissem naqueles últimos dias, para que resgatassem e salvassem os poucos homens que restaram, que de algum modo não haviam recebido a marca da besta. Então eles saíram pelo mundo — no poder de Deus — para salvar e reunir o remanescente de Jacó; ou seja, a posteridade do novo mundo que estava por vir. *"Depois disso, vi, nos quatro cantos da terra, quatro anjos em pé, retendo os quatro ventos da terra, para que nenhum vento soprasse sobre ela, nem sobre o mar, nem contra árvore alguma. Vi outro anjo subir do oriente, tendo o selo do Deus vivo. Ele clamou em alta voz aos quatro anjos que haviam recebido autoridade para causar danos à terra e ao mar: Não danifiqueis a terra, nem o mar, nem as árvores, até que selemos a testa dos servos do nosso Deus. Então ouvi o número dos que foram selados: eram cento e quarenta e quatro mil de todas as tribos dos filhos de Israel."* (Ap 7:1-4)

Mas o resto do mundo governado pelo anticristo, ainda sentindo o efeito colateral da marca da besta e o dano que causaram às suas próprias almas, passava pela fase mais sombria de suas vidas. Pois o inferno havia subido à terra, e o mundo se tornara uma morada de demônios — isto é, o mundo estava entregue às trevas. *"Caiu a grande Babilônia; e tornou-se morada de demônios..."* (Ap 18:2)

Mas as coisas só iriam piorar dali em diante, pois o sétimo selo logo seria aberto — o castigo estava prestes a começar e não havia para onde correr. *"Quando ele abriu o sétimo selo, houve silêncio no céu cerca de meia hora. Então vi os sete anjos que estavam em pé diante de Deus, e a eles foram dadas sete trombetas."* (Ap 8:1-2)

O que estava para acontecer com os moradores do mundo governado pelo anticristo não era nada daquilo que a besta havia prometido aos seus seguidores; porque nem o falso profeta, com seus falsos milagres, poderia conter os flagelos da ira de Deus.

O Dia da ira e da vingança do Deus Eterno havia chegado para a Babilônia. Chegou o dia do rebanho que foi marcado pela marca da besta pagar o preço de suas blasfêmias, injustiças, maldades, perversidades e impiedades cometidas contra o Deus Justo. Porque todos foram cúmplices do anticristo, todos blasfemaram contra Deus, todos perseguiram a igreja, todos debocharam dos santos, todos se alegraram com a desgraça de muitas almas fiéis e inocentes.

Por isso, não seria justo que ficassem impunes.

"Da mão do anjo subiu, diante de Deus, a fumaça do incenso junto com as orações dos santos. Em seguida, o anjo pegou o incensário, encheu-o com o fogo do altar e o lançou sobre a terra; e houve trovões, vozes, relâmpagos e terremoto. Então os sete anjos, que estavam com as sete trombetas, prepararam-se para tocar." (Ap 8:4-6)

O mundo que antes era só alegria agora estava angustiado, pois sabia que não havia deuses capazes de livrá-lo; sabia que nem o seu maior deus, o Diabo, podia salvá-lo do castigo. Por isso, os povos estavam aflitos, pois antes já haviam visto a glória do verdadeiro Deus vindo sobre as nuvens do céu, no dia do arrebatamento.

Todavia, sentiam apenas medo, e não arrependimento. Porque, se pudessem subir ao Céu dos céus para derrubar o Deus Vivo do seu trono, assim eles fariam, sem hesitar; e isso simplesmente para se livrar do castigo e continuar nas práticas de suas muitas maldades.

"O primeiro anjo tocou sua trombeta, e foram lançados na terra granizo e fogo misturado com sangue, e um terço da terra, um terço das florestas e toda a relva verde foram queimados." (Ap 8:7)

Esse foi o primeiro aviso de Deus para o mundo; coisa bem pior ainda estava por vir. *"O segundo anjo tocou sua trombeta, e foi lançado no mar algo como um grande monte em chamas, e um terço do mar transformou-se em sangue. Um terço das criaturas do mar morreu; também foi destruído um terço dos navios."* (Ap 8:8,9)

Outro aviso de Deus para deixar o mundo dos poderosos muito preocupado. Pois os homens amaram tanto o mundo que quiseram tomá-lo da mão de Deus, porque se achavam os donos e os construtores do mundo. Eles tentaram expulsar o Dono da vinha de sua própria vinha, fazendo um pacto com o Diabo; e pensaram que, unindo-se a ele, teriam força para expulsar o Criador da terra.

Isso porque todos foram enganados pelo Enganador; pois o Diabo, pensando ser o dono do mundo, reinou sobre os homens.

Mas o mundo jaz no maligno; porém, nunca foi do maligno.

"O terceiro anjo tocou sua trombeta, e uma grande estrela, queimando como se fosse uma tocha, caiu do céu sobre um terço dos rios e sobre as fontes das águas. O nome da estrela era Absinto. Um terço das águas tornou-se em absinto, e muitos homens morreram por causa das águas, pois haviam se tornado amargas." (Ap 8:10-11)

Os muros altos e fortificados da grande Babilônia logo iriam desabar; já estava começando a ruir, e grande seria a sua ruína.

"O quarto anjo tocou sua trombeta, e foram feridos um terço do sol, um terço da lua e um terço das estrelas, para que um terço deles se escurecesse, e um terço do dia não brilhasse, assim como também um terço da noite. Então olhei e ouvi uma águia voando pelo meio do céu e dizendo em alta voz: Ai, ai, ai dos que habitam na terra, por causa dos toques das trombetas dos três anjos que ainda vão tocar!" (Ap 8:12-13)

Com Deus não se brinca; de Deus, ninguém pode zombar. As consequências estavam recaindo sobre as cabeças dos homens. Seus sonhos e seus planos foram frustrados; o anticristo e o falso profeta estavam sendo envergonhados, juntos com o Dragão. O mundo inteiro estava envergonhado. Mas a vergonha era o de menos; pior seria o que estavam prestes a sentir em seus corpos já condenados. Pois o pior ainda estava por vir: ainda faltavam três trombetas e sete taças dos flagelos da ira de Deus. E mais: o pior ficou para o final.

E o final será beber do vinho da ira de Deus, preparado no cálice da sua ira — sem nenhuma mistura. *"Se alguém adorar a besta e a sua imagem, e receber o sinal na testa ou na mão, também beberá do vinho da ira de Deus, preparado no cálice da sua ira, sem mistura; e será atormentado com fogo e enxofre diante dos santos anjos e do Cordeiro. A fumaça do seu tormento sobe para todo o sempre; e não têm repouso, nem de dia nem de noite, os que adoram a besta e a sua imagem, nem aquele que recebe o sinal do seu nome."* (Ap 14:9-11)

De fato, essa será a pior parte. Isso porque eles cometeram muitas abominações instigados pela besta e pelo falso profeta: sacrificaram vidas inocentes ao Diabo, sacrificaram no altar de Moloque, sacrificaram seus próprios filhos. Por isso não sentiram falta das crianças no arrebatamento, pois não havia crianças para serem arrebatadas no mundo da besta e dos seus súditos. *"E ai das que estiverem grávidas e das que amamentarem naqueles dias!"* (Mt 24:19)

Por isso também não houve perdão para eles, assim como não houve perdão para Manassés, que também ofereceu seus filhos a Moloque. O culto da Ordem dos adoradores da besta era um culto muito profano e abominável — o culto mais profano e abominável que já houve sobre a face da Terra, desde o princípio dos tempos até aquele exato momento bestial. O culto da abominação assoladora.

A provocação contra o verdadeiro Deus foi grande.

"E sobre a asa das abominações virá o assolador, até a destruição determinada, que será derramada sobre o assolador." (Dn 9:27)

Sim, mui grandes foram as últimas abominações.

Pois os cultos abomináveis da besta não eram cultos secretos, como no passado, quando os homens adoravam e sacrificavam a Satã em segredo, praticando suas abominações em oculto.

Mas era um culto público, um culto ao governo da besta, aberto e livre para o mundo inteiro ver, cultuar, participar e se contaminar.

(Porque, como uma pessoa pode perder o perdão de Deus e a salvação para sempre, e para sempre também ser atormentada no lago de fogo e enxofre, sem mistura — ou seja, o tormento eterno — apenas por receber uma simples marca? Isso só faria sentido se a marca da besta não viesse sozinha, mas sim acompanhada de uma grande abominação cometida por aqueles que a recebem. Sim, aqueles que recebem a marca devem estar sujeitos a cometer as mesmas práticas, blasfêmias e abominações cometidas pela besta.)

De fato, todos os que recebiam a marca da besta a recebiam voluntariamente, conhecendo muito bem a grande abominação que estavam cometendo. Por isso, não havia inocentes no maldito e profano culto imoral, pervertido e sanguinário da besta. Pois todos que tinham a marca da besta tornavam-se participantes daquele culto universal, porque isso também fazia parte do pacote da marca 666 que recebiam, para que pudessem crescer e prosperar ao provar sua devoção ao Dragão e à besta. Todos tinham que fazer o que a besta e o falso profeta lhes ordenavam — mesmo se fosse um sacrifício de sangue humano. E como houve tais sacrifícios!

Pois o sacrifício de bois se tornou fraco e obsoleto; não era mais o bastante para os cultos solenes da besta no templo em Jerusalém.

Porque todos tinham que prestar culto à besta, mas não um culto qualquer, e sim o culto mais blasfemo e abominável, criado nas mais profundas e profanas partes das regiões perdidas do inferno, para, com isso, provocar grandemente a ira do Deus Santo, induzindo o mundo a profanar e a blasfemar contra a santa Imagem de Cristo.

No entanto, a imagem da besta, forjada pelo seu grande ego e pela sua grande vaidade, a qual ela obrigou a todos que fosse adorada e cultuada — e assim aconteceu —, logo seria manchada.

Capítulo 15

Crônicas do fim do mundo.

"O quinto anjo derramou sua taça sobre o trono da besta, e o seu reino se fez tenebroso; e, de tanta agonia, as almas mordiam a própria língua. Por causa de sua agonia e de suas feridas, blasfemaram contra o Deus do céu e não se arrependeram de suas obras. [...] E do céu caiu sobre os homens um pesado granizo; as pedras pesavam quase um talento; e os homens blasfemaram contra Deus por causa da praga de granizo, pois sua praga era destruidora." (Ap 16:10,11,21)

O mundo dos poderosos, governado pelo anticristo, estava sendo assolado pelos flagelos da Justa Vingança de Deus. De tanto tormento, os homens desejavam morrer, mas a morte fugia deles.

"Naqueles dias, os homens buscarão a morte, mas não a encontrarão; desejarão morrer, mas a morte fugirá deles." (Ap 9:6)

E, quando o anjo derramou a sexta taça da Justa Vingança de Deus sobre o grande rio Eufrates, o rio secou-se, e os preparativos para a batalha do grande Dia do Deus Todo-Poderoso começaram.

Os inimigos de Deus se reuniram para tentar bater de frente com o Todo-Poderoso, com a triste intenção de deter o Deus Altíssimo, devido às grandes assolações causadas pelos flagelos da Justa Vingança de Deus. Mas, antes da batalha, o sétimo anjo derramou a sétima taça, e isso pôs um fim à Babilônia de uma vez por todas.

Mediante tanta destruição, a besta partiu para o tudo ou nada.

Os exércitos da besta marcharam e reuniram-se para a grande batalha, em um lugar que, em hebraico, se chamava Armagedom.

O fim do reino dos homens estava chegando, e o fim do mundo do príncipe das trevas também estava próximo. Os planos da besta foram frustrados, e os homens também ficaram frustrados com a besta. *"O sétimo anjo derramou sua taça no ar; e do santuário saiu uma alta voz, vinda do trono, que dizia: Está feito. Houve relâmpagos, estrondos e trovões; houve também um grande terremoto, tão forte como nunca havia ocorrido desde que o homem existe sobre a terra.*

A grande cidade partiu-se em três, e as cidades das nações caíram; Deus lembrou-se da grande Babilônia e lhe deu o cálice do vinho do furor da sua ira. Todas as ilhas fugiram, e os montes desapareceram. E do céu caiu sobre os homens um pesado granizo; as pedras pesavam quase um talento; e os homens blasfemaram contra Deus por causa da praga de granizo, pois sua praga era destruidora." (Ap 16:17-21)

Então, a besta marchou com o seu exército rumo à batalha final.

Com um numeroso exército armado até os dentes, um grande arsenal com armamentos de tecnologia de última geração — mísseis, bombas, tanques de guerra, soldados de todas as patentes, homens sob uma só bandeira, nações servindo a uma só etnia, homens capazes, valentes e treinados para a guerra, armas nucleares e todo tipo de aparatos de guerra que conseguiram — para tentar vencer a última e grande batalha do tudo ou nada para o anticristo.

Sim, nada mais havia restado para os homens, pois Deus desolou e destruiu o mundo por completo, tirando-lhes tudo; frustrou as suas esperanças, sonhos e expectativas, mas ainda não lhes havia tirado o fôlego da vida, por enquanto. Porque o último ato de Justiça e Vingança do Deus Eterno estava por vir sobre o mundo.

O Dia da ira do Deus Todo-Poderoso sobreveio ao homem.

Para o mundo era o fim, mas para Deus era apenas o começo.

"Então, vi o céu aberto, e um cavalo branco; seu cavaleiro chama-se Fiel e Verdadeiro. Ele julga e luta com justiça. Os seus olhos eram como chama de fogo; sobre a cabeça trazia muitas coroas. E tinha um nome escrito, que ninguém conhece, senão ele mesmo. Estava vestido com um manto salpicado de sangue, e seu nome é o Verbo de Deus. Os exércitos do céu o seguiam, montados em cavalos brancos e vestidos de linho fino, branco e puro. Uma espada afiada saía-lhe da boca, para ferir com ela as nações. Ele as regerá com cetro de ferro; e ele mesmo é o que pisa o lagar do vinho do furor da ira do Deus Todo-Poderoso.

No manto, sobre a coxa, traz escrito o nome: Rei dos reis e Senhor dos senhores. Vi um anjo em pé no sol, que clamava em alta voz, dizendo a todas as aves que voavam pelo meio do céu: Vinde, ajuntai-vos para a grande ceia de Deus, para comerdes a carne de reis, de comandantes, de poderosos, de cavalos e de seus cavaleiros, sim, a carne de todos os homens, livres e escravos, pequenos e grandes. Então, vi a besta, os reis da terra e seus exércitos reunidos para atacarem o cavaleiro e seu exército. Mas a besta foi presa, e com ela o falso profeta, que realizou diante dela os sinais com que enganou os que receberam o sinal da besta e os que adoraram a sua imagem. Esses dois foram jogados vivos no lago de fogo que arde com enxofre. Os demais foram mortos pela espada que saía da boca daquele que estava montado no cavalo, e todas as aves se fartaram..." (Ap 19:11-21)

De fato, para Deus, foi mais fácil do que matar uma pulga, mesmo com todo o inferno ao lado da besta e dos homens. Pois as armas forjadas pelos homens, por mais potentes que fossem, não conseguiam atingir o Grande General dos exércitos celestiais, tampouco o seu grande e poderoso exército. A espada afiada que saía da boca do grande Rei dos reis representava as ordens de comando dadas ao seu exército, que atacava conforme ele falava.

O Senhor Jesus — Rei da Glória — poderia acabar com tudo num estalar de dedos, mas, como era justo, preferiu dar aos seus inimigos o direito de lutar; isso porque o Senhor dos senhores era Verdadeiro, Justo e Fiel. No passado, ele veio como um Cordeiro, mas voltou como um Leão que ruge sobre seus adversários; e os seus inimigos tremeram diante do seu grandioso e poderoso rugido.

E como não tremeriam? Veja até onde a loucura do homem havia chegado: eles estavam enfrentando o Deus que criou o universo!

Onde estavam com a cabeça quando pensaram que podiam lutar contra Deus, o Todo-Poderoso Criador de todas as coisas?

Pois, diante de Deus, o mundo é menor do que um grão de areia. Como poderia ser possível a criatura vencer o Criador?

O Diabo sabia que não podia vencer o Deus Eterno, pois, quando se rebelou contra Deus há muito tempo, foi derrotado e condenado; por isso sabia que não podia vencer o Senhor Dos Exércitos. Mas enganou todo o mundo só para provocar o Senhor, e também porque sempre odiou o homem, desde o princípio de sua criação.

Sim, tudo o que o Diabo fez, fez por pura pirraça — apenas para provocar, blasfemar e desmoralizar a santa Imagem do verdadeiro Deus da paz e da vida, e para levar o homem à desgraça total.

De fato, o Diabo tem o caráter de um menino mau e pirracento. Mas, depois da vitória do Grande Rei, o Diabo foi detido:

"Vi descer do céu um anjo com a chave do abismo e uma grande corrente na mão. Ele prendeu o dragão, a antiga serpente, que é o Diabo e Satanás, e o amarrou por mil anos. Lançou-o no abismo, onde o fechou e pôs um selo sobre ele, para que não enganasse mais as nações, até que os mil anos se completassem. Depois disso, é necessário que seja solto por um pouco de tempo." (Ap 20:1-3)

Depois da derrota da besta e do Diabo, os cento e quarenta e quatro mil selados começaram a sair dos seus esconderijos, e com eles o remanescente da humanidade, que não havia recebido a marca da besta. Eles foram poupados dos flagelos das sete trombetas e das sete taças da Justa Vingança de Deus, pois estavam com os seus servos que haviam sido selados; assim, os flagelos não os atingiram.

Como as pragas que vieram sobre o Egito, através das mãos de Moisés e Arão, que atingiram apenas o Egito, mas não o povo de Israel — assim também os flagelos só atingiram os homens que tinham a marca da besta; o restante dos homens foi poupado por Deus. Pois o velho mundo havia passado, e o mar dos povos já não existia. Mas era necessário que houvesse alguns sobreviventes.

Para que a nova terra fosse novamente povoada pelos homens, sob o domínio total do Reino de Deus, cujo Rei é Jesus Cristo, que governará o novo mundo desde o monte Sião, a nova Jerusalém.

Assim, Deus estará dando uma nova chance aos homens — a última chance — para que o homem viva bem e glorifique ao seu Deus, sem a influência da Babilônia e sem os enganos do Diabo, em um novo mundo de alegria, de amor, de fartura, de paz, de saúde, de segurança, de vida, de justiça, de equidade, de sossego, de felicidade, de descanso, de bondade, enfim. E assim cumpriu-se a profecia:

"Então o ferro, o barro, o bronze, a prata e o ouro foram destroçados e viraram pó, como a palha das eiras no verão. O vento os levou sem deixar nenhum vestígio; porém a pedra que feriu a estátua se tornou uma grande montanha e encheu toda a terra." (Dn 2:35)

Na profecia de Daniel, o ferro, o barro, o bronze, a prata e o ouro simbolizavam o reino dos homens; e a montanha que encheu toda a terra simbolizava o monte Sião, ou seja, o Reino de Deus na nova terra e no novo céu. O fim do reino dos homens havia chegado, para a chegada do Reino de Deus — isso foi algo que tinha de acontecer.

Pois o homem, guiado pelo diabo, adoeceu o mundo de tal modo, que não havia mais cura para ele; por isso foi necessário destruí-lo e recriá-lo. Mas, antes de Sião descer do Céu para o novo mundo, houve um grande banquete na grande mesa preparada para o Noivo e para a noiva. Sim, primeiro houve as bodas do Cordeiro no Céu.

Bem-aventurados os vencedores, pois se assentarão à Mesa.

"Também ouvi uma voz como a de grande multidão, como o som de muitas águas e fortes trovões, que dizia: Aleluia! Porque o Senhor, nosso Deus, o Todo-Poderoso, já reina. Alegremo-nos, exultemos e demos glória a ele, porque chegou o momento das bodas do Cordeiro, e sua noiva já se preparou, e foi-lhe permitido vestir-se de linho fino, resplandecente e puro; pois o linho fino são as obras justas dos santos.

E me disse: Escreve: Bem-aventurados os que são chamados à ceia das núpcias do Cordeiro! Disse-me ainda: Estas são as verdadeiras palavras de Deus." (Ap 19:6-9)

Assim como era de costume no passado, quando um rei vencia uma guerra contra o seu inimigo, em sua volta vitoriosa havia um grande banquete. Depois, as terras conquistadas passavam a ser da nação e do reinado do rei que as conquistou. Assim também aconteceu no Reino de Deus. Depois que Cristo venceu todos os seus inimigos e acabou com o reino dos homens, voltou para festejar no Céu com a sua noiva, ou seja, o seu povo; e depois desceu para reinar sobre um novo céu e uma nova terra — sim, um novo mundo.

Assim, a sua hora havia chegado, como Ele mesmo revelou à sua mãe, Maria — no casamento em Caná da Galileia; assim o Senhor previu, e assim aconteceu. *"E, tendo acabado o vinho, a mãe de Jesus lhe disse: Eles não têm mais vinho. Jesus lhe respondeu: Mulher, que tenho eu contigo? A minha hora ainda não chegou."* (Jo 2:3-4)

No casamento em Caná da Galileia, enquanto todos bebiam e se divertiam muito, Jesus só pensava no vinho novo que beberia em suas bodas com a sua noiva, no Reino de Deus. Por isso, quando Maria lhe falou, Ele disse: *"A minha hora ainda não chegou."* (Jo 2:4)

Ele não estava dizendo que a sua hora ainda não havia chegado naquele momento para que não pudesse realizar um milagre; não, pois naquele momento a sua hora já havia chegado para o seu ministério terreno. Mas Ele disse à sua mãe que a sua hora ainda não havia chegado, referindo-se às suas bodas com a igreja, que ainda haveriam de acontecer no futuro — num tempo além do nosso tempo. E, de fato, naquele dia, a sua hora ainda não havia chegado: a hora das suas bodas com a igreja. Mas agora, sim, a sua hora havia chegado — no seu Reino e na sua Glória, como o Senhor Jesus, por sua presciência, nos revelou lá atrás em sua Palavra.

E até hoje, muitos não entenderam que Jesus estava falando das suas bodas com a igreja. Mas Maria entendeu muito bem o que Ele quis dizer quando disse: *"A minha hora ainda não chegou."* (Jo 2:4)

Ela compreendeu que ele não falava das coisas presentes, mas sim das coisas futuras que ainda iriam acontecer. Por isso, ela ignorou o que o seu filho primogênito disse, quando Ele afirmou: *"Mulher, que tenho eu contigo? A minha hora ainda não chegou."* (Jo 2:4)

Ouvindo isso, Maria não hesitou, e disse aos servos: *"Então sua mãe disse aos atendentes: Fazei tudo o que ele vos disser."* (Jo 2:5)

É claro que ela ignorou as palavras de Jesus porque sabia do que ele estava falando, e porque também estava sendo usada pelo Espírito Santo: *"Fazei tudo o que ele vos disser."* (Jo 2:5)

Assim, naquele dia, ele transformou a água em vinho e alegrou os convidados que estavam presentes no casamento; mas agora ele estava se alegrando no Céu com a sua noiva, em suas bodas. Em breve, o Rei desceria com a sua noiva para reinar no novo mundo.

E assim, Deus fez novas todas as coisas, sem falhar em nada nas promessas que fez ao seu povo: *"O que estava assentado sobre o trono disse: Eu faço novas todas as coisas! E acrescentou: Escreve, pois estas palavras são fiéis e verdadeiras."* (Ap 21:5)

E, de fato, são mesmo palavras verdadeiras.

Capítulo 16

Crônicas do novo mundo.

As primeiras coisas ficaram para trás. *"Então vi um novo céu e uma nova terra. Pois o primeiro céu e a primeira terra já se foram, e o mar já não existe. Vi a cidade santa, a nova Jerusalém, que descia do céu, da parte de Deus, enfeitada como uma noiva preparada para o seu noivo. E ouvi uma forte voz, que vinha do trono e dizia: O tabernáculo de Deus está entre os homens, pois habitará com eles. Eles serão o seu povo, e o próprio Deus estará com eles. Ele lhes enxugará dos olhos toda lágrima; e não haverá mais morte, nem pranto, nem lamento, nem dor, porque as primeiras coisas já passaram."* (Ap 21:1-4)

Os sobreviventes do Apocalipse estavam radiantes de alegria.

Os olhos do remanescente da humanidade estavam perplexos.

Depois de tanta dor e perseguição, depois de tanto mal e de tanta destruição, os homens que restaram tinham uma imensa gratidão em seus corações pelo Criador, pois, graças a Deus, a esperança havia voltado, e finalmente eles estavam se sentindo novamente seguros.

Deus lhes restaurou a vida e a paz, enxugou dos seus olhos todas as lágrimas, curou todas as suas feridas e traumas, e deu como herança ao remanescente de Jacó uma nova terra fértil nos arredores de Sião. Como Deus havia prometido desde a antiguidade, assim Ele restaurou a sorte de Jacó — isto é, de Israel, ou seja, do seu povo. O remanescente dos homens que sobreviveram foi restaurado — eles foram abençoados e se multiplicaram grandemente. *"Farei deles uma só nação na terra, nos montes de Israel, e um só rei será rei de todos eles. Nunca mais serão duas nações, nem se dividirão em dois reinos de maneira alguma, no futuro; nem se contaminarão mais com seus ídolos, nem com suas abominações, nem com nenhuma das suas transgressões; mas eu os livrarei de todas as suas apostasias pecaminosas e os purificarei. Assim, eles serão o meu povo, e eu serei o seu Deus. Meu servo Davi reinará sobre eles, e todos terão um só pastor; andarão nos meus juízos, guardarão os meus estatutos e obedecerão a eles.*

Ainda habitarão na terra que dei a meu servo Jacó, na qual habitaram vossos pais; habitarão nela para sempre, eles e seus filhos, e os filhos de seus filhos; e meu servo Davi será seu príncipe eternamente. Farei com eles uma aliança de paz, que será uma aliança eterna. Eu os estabelecerei e multiplicarei; porei o meu santuário no meio deles para sempre. Meu tabernáculo permanecerá com eles; eu serei o seu Deus e eles serão o meu povo. E as nações saberão que eu sou o Senhor que santifico Israel, quando o meu santuário estiver no meio deles para sempre." (Ez 37:22-28)

(Essa profecia teve mais de um sentido, pois apontava para o povo que seria salvo neste mundo pelo evangelho; para a igreja já na glória de Deus, na vida eterna; e também para os homens que sobreviveram ao fim do mundo e herdaram a terra para sempre.)

O verdadeiro Deus, nosso Criador, habitava em Sião, em um novo céu e uma nova terra com os homens. Mas não apenas com os homens, mas também com os deuses e os santos, ou seja, com todas as almas que morreram em Cristo e foram salvas antes do fim do velho mundo — isto é, com as almas que foram ressuscitadas e arrebatadas no final da Grande Tribulação, a igreja dos primogênitos, os espíritos dos justos aperfeiçoados pelo Senhor.

Estes habitavam com Deus em Sião, isto é, na nova Jerusalém.

E, ao mesmo tempo, os homens feitos do pó da terra — isto é, o santo povo do Senhor — gozavam a vida no Reino de Deus e cresciam rapidamente em número. Pois a vida no novo mundo voltou a ser como havia sido antes, no jardim do Éden, já que a glória de Deus resplandecia desde Sião e enchia toda a terra; e o seu amor, a sua vida, a sua alegria e a sua paz alcançavam todos os corações. E todos os que amavam a luz e a justiça as alcançaram.

O Grande Rei reinou na terra sobre os homens por mil anos.

(Mas como foram estes mil anos, ou como foi este novo céu e esta nova terra sob o domínio total de Deus? Isso é algo que não há como saber; é algo que o homem não pode vislumbrar, algo que a mente humana não pode alcançar, porque é algo indescritível.)

Como eu já disse várias vezes, está escrito: *"As coisas que olhos não viram, nem ouvidos ouviram, nem penetraram o coração humano, são as que Deus preparou para os que o amam."* (1Co 2:9)

Durante o reinado milenar de Cristo sobre os homens, o novo mundo cresceu e tomou dimensões nunca antes conhecidas; além das muitas novidades, havia justiça e igualdade. Mas o Reino de Deus não agradou a todos, pois surgiu um agitador — um tal de Gogue — homem influente e rebelde; este corrompeu muitas nações.

Quando estava quase completando mil anos do Reino de Deus sobre todos os homens, os insatisfeitos se rebelaram contra o Senhor, conforme estava escrito nas Escrituras. Então, vendo Deus a malícia e a maldade de muitos, soltou aquele que havia sido preso no abismo após a batalha do Armagedom: o Enganador.

O Diabo subiu à superfície da nova terra e contemplou a glória do monte Sião e a grandeza do Reino de Deus e seu reinado sobre os homens. E ficou furioso, pois não podia aceitar que Deus habitasse com os homens na nova terra; e saiu para seduzir as nações rebeldes.

Ele se aproveitou da inveja e da cobiça dos ingratos, que, mesmo tendo tudo na vida, ainda não estavam satisfeitos; então enganou e instigou os homens a lutar contra Deus, como se fosse dar um golpe de Estado. Os homens viram que a proposta do Diabo parecia boa para seus novos interesses e começaram a se unir para se levantar contra o Grande Rei e contra o seu povo Israel — povo fiel a Deus.

Este povo havia crescido grandemente no Reino de Deus: eram as primeiras gerações dos homens que povoaram o novo mundo, os primeiros homens que se estabeleceram ao redor do Monte Sião.

Um povo que, desde os primórdios do novo mundo, edificou casas e cidades, estados e nações nos arredores de Sião, pois amava o seu Deus e desejava estar perto do Grande Rei, que também o amava. Mas outros povos mais distantes não ficaram tão chegados a Deus e se sentiam injustiçados, isso porque eram injustos. Mas isso foi o bastante para o Enganador enganar os homens pela última vez.

Na verdade, essas nações já estavam corrompidas; o Diabo tão somente colocou mais lenha na fogueira, estimulando a rebelião.

Como Deus previu que aconteceria — porque tudo já havia sido profetizado pelos antigos profetas —, Deus fez isso para separar as ovelhas dos bodes. Porque, desta vez, as almas rebeldes conseguiram se corromper sozinhas, sem a ajuda do Enganador; por isso Deus soltou o Diabo, para que as verdadeiras intenções dos homens rebeldes fossem reveladas. (Mais uma vez o Enganador estava enganando os homens, levando-os à ruína total; ele fez isso antes do dilúvio, depois do dilúvio e no novo mundo após o Armagedom. Mas é claro que o Diabo não foi o único culpado; o homem sempre cooperou com o mal para o seu próprio fim e foi o maior culpado de tudo. Deus deu muitas oportunidades ao homem, mas muitos nunca souberam aproveitá-las: nem no começo, nem no meio, nem no fim.)

Sim, houve um rei que não se sujeitou a Deus. "*Coloco-me contra ti, ó Gogue, príncipe e chefe de Meseque e Tubal; eu te trarei de volta, porei anzóis nos teus queixos e te levarei com todo o teu exército, cavalos e cavaleiros, todos eles vestidos de armadura completa, uma grande multidão com escudos grandes e pequenos, todos manejando a espada; Pérsia, Cuxe e Pute estarão com eles, todos com escudo e capacete; Gomer e todas as suas tropas; a casa de Togarma, no extremo norte, e todas as suas tropas; sim, muitos povos estarão contigo. Prepara-te; dispõe-te, tu e todas as multidões que se juntaram a ti, e assume o seu comando. Depois de algum tempo, serás visitado.*

Nos últimos anos, virás para a terra restaurada da guerra, onde o povo foi reunido dentre muitos povos nos montes de Israel, que haviam estado desertos por longo tempo; mas aquela terra foi tirada dentre os povos, e todos os seus moradores agora estão seguros." (Ez 38:3-8)

O Senhor havia revelado em sua Palavra, desde os tempos antigos, que o líder dos rebeldes, chamado Gogue, seria visitado; e, de fato, ele foi visitado pelo Diabo, quando este foi solto de sua prisão.

Uma vez solto, o Diabo não perdeu tempo, mas saiu depressa para fazer aquilo que mais sabe: mentir, enganar e se rebelar.

"Depois de algum tempo, serás visitado." (Ez 38:8)

Os antigos profetas profetizaram sobre esses acontecimentos, profetizaram sobre Sião, profetizaram sobre o fim do mundo e sobre o novo mundo, profetizaram sobre a restauração de Israel e também sobre esta última batalha, que aconteceria antes do Juízo Final.

"Quando se completarem os mil anos, Satanás será solto da prisão e sairá para enganar as nações que estão nos quatro cantos da terra, Gogue e Magogue, cujo número é como a areia do mar, a fim de ajuntá-las para a guerra. Elas subiram por toda a extensão da terra e cercaram o acampamento dos santos e a cidade amada, mas desceu fogo do céu e as devorou. E o Diabo, que as enganava, foi lançado no lago de fogo e enxofre, onde estão a besta e o falso profeta. Eles serão atormentados dia e noite, pelos séculos dos séculos." (Ap 20:7-10)

Mais uma vez o Diabo enganou o homem (é claro que o homem já estava corrompido). Mas o Diabo reforçou a rebelião do homem.

Porém, ele já sabia que não tinha como vencer o Deus Altíssimo; ainda assim fez isso porque Deus o soltou da prisão e lhe deu pouco tempo, sabendo que em breve seria lançado no lago de fogo, pois já estava condenado. Essa foi a última investida do Tentador para arrastar mais almas consigo — um golpe que havia aprimorado por milênios; por isso, acabou viciado em conduzir almas à perdição.

Mas, felizmente, depois de mil anos, depois que Deus acabou com a afronta de Gogue e das nações que o seguiram, depois que o Diabo foi lançado no lago de fogo, ainda restaram muitas almas fiéis a Deus no novo mundo, que não aderiram à rebelião de Gogue, o grande tolo. Sim, Israel continuou fiel ao Senhor seu Deus.

(Mas o que virá depois de todas essas coisas? Isso eu não sei dizer, porque não foi revelado nas Escrituras. Pois o que estou falando não é um conto de fadas, mas a mais pura verdade.)

Depois de todos aqueles acontecimentos, Deus se levantou para o julgamento final; as almas que andavam vagando pelo além, por um longo tempo, foram intimadas a comparecer diante do Grande Trono Branco. *"Vi também um grande trono branco e o que estava assentado sobre ele; a terra e o céu fugiram de sua presença, e não foi achado lugar para eles. Vi os mortos, grandes e pequenos, em pé diante do trono, e abriram-se alguns livros. Então, abriu-se outro livro, o livro da vida, e os mortos foram julgados pelas coisas que estavam escritas nos livros, segundo as suas obras. O mar entregou os mortos que nele havia, e a morte e o além entregaram também os mortos que neles havia. E eles foram julgados, cada um segundo as suas obras. A morte e o inferno foram jogados no lago de fogo. Esta é a segunda morte, o lago de fogo. E todo aquele que não se achou inscrito no livro da vida foi jogado no lago de fogo."* (Ap 20:11-15)

Deste modo, Deus cumpriu tudo o que estava escrito em sua Palavra. Os que foram condenados ao lago de fogo dormiram um sono eterno, deixando de existir para sempre; pois o lago de fogo é isto: a segunda morte, isto é, a morte espiritual, o fim do ciclo da alma. *"Embriagarei seus príncipes e sábios, seus governadores, magistrados e guerreiros; e dormirão um sono eterno, jamais acordarão, diz o Rei, cujo nome é Senhor dos Exércitos."* (Jr 51:57)

Eu tinha dúvida acerca disso, mas o Senhor tirou a minha dúvida.

Porém, o lago de fogo "sem mistura" é o tormento eterno para o Diabo e seus anjos, para a besta e o falso profeta, para os seguidores da besta, e para algumas celebridades do mal que passaram do limite e, possivelmente, para os seguidores de Gogue, o grande tolo.

Mas os vencedores viveram felizes para sempre em Sião.

Capítulo 17

O que escrevi, escrevi.

Não, eu não confio em mim mesmo, nem no meu próprio entendimento; foi pela boa mão de Deus que o que escrevi, escrevi.

Por que eu mentiria? Logo eu, que quero tanto viver em Sião!

Porque os mentirosos não herdarão o Reino de Deus, nem os que buscam honra e glória para si mesmos, nem os falsos profetas, nem os gananciosos que amam o dinheiro, nem os que inventam falsos testemunhos; enfim, tais homens não herdarão o Reino de Deus.

"Está feito", eu pensei diante do Senhor — está feito.

Mas a sua unção me revelará se, de fato, está feito mesmo.

Que Deus tenha misericórdia de mim, porque sou um servo inútil.

Mas como eu poderia fazer algo de bom, se em mim não há nada de bom? A minha triste verdade é que continuo sendo um inútil.

Fiz o que tinha que fazer e escrevi o que tinha que escrever.

Ou seja, nada fiz de bom; apenas fiz o que era justo fazer — isto é, apenas escrevi o que Deus me mandou escrever; isso sem falar dos meus textos toscos e amadores, repletos de palavras redundantes.

Entretanto, o Senhor me mostrou que o mais importante é transmitir o espírito da mensagem; acho que isso eu consegui fazer.

Agora está nas mãos de Deus; eu não posso fazer mais nada.

Mas o que não está ao meu alcance, está ao alcance de Deus.

E Deus não age conforme a minha vontade, e sim conforme a sua vontade. Mas agora eu aprendi: demorou um pouco, mas, por fim, eu aprendi. E, quando aprendi isso, a minha ansiedade passou.

Não posso me autopromover, nem dar testemunho sobre mim mesmo, isto é, tentar me exaltar; porque, se for a vontade de Deus, Ele mesmo testemunhará sobre mim. Ele revelará a verdade e fará conhecido o que precisa ser conhecido — pela vontade de Deus, não por minha própria vontade. Não por força, mas pelo Espírito; não por mim mesmo, mas pelo poder de Deus. *"Não por força nem por poder, mas pelo meu Espírito, diz o Senhor dos Exércitos."* (Zc 4:6)

Se não for pela vontade de Deus, simplesmente não acontecerá; porque nada pode acontecer se Deus não fizer acontecer — nada mesmo. Pois Deus é quem confirma, edifica e estabelece tudo; tentar ir contra a vontade de Deus é como tentar remar contra a maré.

Se não for pela mão de Deus, não será pela mão do homem.

O que estou querendo dizer é que a minha vida está nas mãos de Deus, e Ele fará acontecer conforme a sua vontade, e não a minha.

Conheço o rumo que o mundo está tomando, sei que a minha mensagem não será bem-vinda para a maioria; mas não me importo com isso, contanto que ela chegue a quem está destinada a chegar.

Deus sabe muito bem quem precisa ouvir esta mensagem, porque sei que não foi em vão que Deus me moveu a escrever; confio plenamente no Senhor, tenho certeza de que Ele tem um plano para esta obra. Pois este projeto nunca foi meu, e sim de Deus. *"Porque não há nada encoberto que não venha a ser manifesto, nem coisa secreta que não venha a ser conhecida nem trazida à luz."* (Lc 8:17)

Se o espírito deste projeto veio mesmo do Senhor, o meu trabalho não foi em vão, mas se veio de mim mesmo, foi uma grande perda de tempo, de fato; mas estou certo de que este projeto veio de Deus.

Ninguém precisa me conhecer, nem saber quem eu sou; porque é como eu já disse antes — sim, desde o meu primeiro testemunho:

— *Eu busco a glória de Deus, e não a glória dos homens.*

E assim eu passo adiante este espírito, para que todos os leitores entendam que: buscar a glória que vem dos homens é uma coisa inútil; porque o correto a fazer é buscar a aprovação e a glória que vêm de Deus. *"Como podeis crer, vós que recebeis glória uns dos outros e não buscais a glória que vem do único Deus?"* (Jo 5:44)

Ai de mim se eu confiasse no meu próprio entendimento.

Mas sei que existem muitos insubordinados que confiam em si mesmos e no seu próprio entendimento; esses já estão corrompidos.

E, se ainda não estão corrompidos, logo irão se corromper.

Mas eu não confio em mim mesmo, somente em Deus.

Não estou tentando me autopromover, estou tentando lhe transmitir a visão de uma fé saudável em Deus, e não em si próprio.

Pois o que mais existe nos dias de hoje são os tais pregadores coaching inflamando o ego das ovelhas de Deus; suas pregações parecem boas — mas é o bem estampado sobre a face do mal — pois perverteram a verdadeira essência do evangelho de Jesus Cristo.

E com isso estão levando muitas ovelhas ao matadouro.

São estrelas que querem brilhar mais do que o Criador das estrelas; estrelas errantes que se exaltam atrás do púlpito da igreja.

São pregadores, são cantores, são profetas, são pastores. Estes dizem que servem a Deus, enriquecendo somente a si mesmos; pode até ser que sejam salvos, mesmo prosperando em tempo de fome, mas eu creio que a estes sucederá o que está escrito: *"Em verdade vos digo que eles já receberam sua recompensa."* (Mt 6:2)

Na vida eterna, eles verão muitos morando em grandes mansões, enquanto estarão em uma casinha simples, quando comparada às casas dos seus vizinhos (estou falando metaforicamente); e não poderão reclamar — pois foi a escolha que fizeram, vivendo em luxo no mundo do príncipe, enquanto muitos dos seus irmãos, que os enriqueciam, passavam por muitas necessidades. Mas Deus é justo!

Tenho certeza de que Deus fará a coisa certa; Deus fará justiça.

"Na casa de meu Pai há muitas moradas; se não fosse assim, eu vos teria dito; pois vou preparar-vos lugar." (Jo 14:2)

Contudo, mesmo morando em uma mansão celestial ou em uma casinha simples no Céu, independentemente dessas coisas, eu sei que a vida será maravilhosa na eternidade, na glória de Deus, em Sião.

Porque no Reino de Deus não haverá materialismo, nem ambição egoísta, nem inveja — coisas que existem neste mundo supérfluo.

Mas, pobres das almas que não conseguiram chegar a Sião. Esses vagarão por muito tempo no além, sem roupas e sem morada, até o dia em que forem convocados para o Dia do Juízo Final. Depois do Juízo, pode ser que a segunda morte seja a melhor coisa para eles; assim terão descanso, deixando de existir. A Palavra de Deus nos alerta, mas muitos não ouvem: *"Não ameis o mundo nem o que nele há. Se alguém ama o mundo, o amor do Pai não está nele."* (1Jo 2:15)

Para ser um sobrevivente, é preciso morrer para o mundo.

Porque ser sobrevivente é negar a si mesmo e o pecado que há no mundo, desviando o nosso olhar da sedução da grande Meretriz.

Ora, quem é essa grande Meretriz, senão a grande Babilônia?

Não desanime com as dificuldades da vida terrena, porque, depois da tempestade, sempre virá a bonança — se você estiver firme em Cristo, é claro. Mas, se você não está firme no Senhor, procure se firmar depressa, antes que a tempestade venha e o pegue de súbito.

Louvo ao Senhor porque Ele tem tido misericórdia de mim; todos os dias Ele tem sido o meu auxílio e o meu ajudador. Estou seguro em Deus, sim — n'Ele eu sei que posso confiar, pois Ele é digno de toda confiança. Mas, quanto a mim, quando me olho no espelho, vejo a imagem de um homem em quem não posso confiar, e isso é triste; é lamentável — lamento por não poder confiar em mim mesmo. Mas creio que ainda verei a glória de Deus em minha vida.

"E estou certo disto: aquele que começou a boa obra em vós irá aperfeiçoá-la até o dia de Cristo Jesus." (Fp 1:6)

Estou pronto para aceitar o agir de Deus em mim, na hora que Ele quiser e no tempo que Ele determinou. A minha obrigação é buscar a sua presença e esperar a sua salvação. Andando no amor, na fé e na esperança; na pureza e na santidade; na integridade, na sinceridade e na fidelidade; na perseverança, no temor e no tremor; nas veredas da paz, da verdade, da retidão, da piedade e da justiça.

Entretanto, eu sei que nada poderei fazer sem a unção de Deus.

Pois é a unção de Deus que me dará poder para compreender e para fazer a sua boa e perfeita vontade — sei que Jesus é poderoso para me salvar. *"Quanto a vós, a unção que dele recebestes mantém-se em vós, e não tendes necessidade de que alguém vos ensine. Mas a unção que vem dele é verdadeira, não é baseada na mentira, e vos ensina a respeito de todas as coisas; permanecei nele, assim como ela vos ensinou. [...] Quem permanece em mim e eu nele, esse dá muito fruto; porque, sem mim, nada podeis fazer."* (1Jo 2:27) (Jo 15:5)

É a glória de Deus em minha vida que fará toda a diferença.

"Mas todos nós, com o rosto descoberto, refletindo como um espelho a glória do Senhor, somos transformados de glória em glória na mesma imagem, que vem do Espírito do Senhor." (2Co 3:18)

Estou firme em Deus, esperando a minha redenção final, que acontecerá na volta do meu Redentor, que me libertará desta prisão de barro e me dará um novo corpo espiritual e incorruptível, que não se inclinará nunca mais para o pecado. Mas, enquanto isso não acontece, eu vou lutando e relutando contra mim mesmo, isto é, contra a minha vontade, neste corpo caído feito do pó da terra.

Para que, assim, eu também seja um sobrevivente do Apocalipse, como os demais sobreviventes que disseram não a si mesmos e à cobiça que há no mundo; que foram fiéis e não negaram a fé em Cristo. É difícil, a renúncia pode ser dolorosa — mas vai valer a pena renunciar ao pecado, pois a glória do Céu será indescritível.

O Senhor Jesus disse: *"Se não comerdes a carne do Filho do homem e não beberdes o seu sangue, não tereis vida em vós mesmos. Quem come a minha carne e bebe o meu sangue tem a vida eterna, e eu o ressuscitarei no último dia. Porque a minha carne é verdadeira comida, e o meu sangue é verdadeira bebida. Quem come a minha carne e bebe o meu sangue permanece em mim, e eu nele."* (Jo 6:53-56)

O que Jesus quis dizer com isso?

Ora, Jesus é o Verbo de Deus, ou seja, a Palavra que se fez carne.

Comer a carne e beber o sangue de Jesus é se alimentar da Palavra de Deus, isto é, do evangelho. Assim como o corpo físico não pode viver sem o alimento necessário, também não podemos ter vida com Deus sem nos alimentar diariamente da sua nutritiva Palavra. Pois a Palavra de Deus é o alimento que contém todas as vitaminas cruciais e necessárias para o fortalecimento do nosso espírito e da nossa fé.

Há cristãos com corpos bombados, mas com o espírito franzino; e há cristãos com corpos franzinos, mas com o espírito bombado. Isso porque há crentes que alimentam bem os seus corpos físicos, tomam vitaminas e vão à academia, mas pouco alimentam os seus espíritos; e há crentes que sempre jejuam, oram bastante e leem a Palavra de Deus diariamente, e, mesmo tendo corpos franzinos, os seus espíritos são bombados. E Deus prefere os que têm o espírito bombado, pois Deus também é Espírito. *"Deus é espírito; e importa que os seus adoradores o adorem em espírito e em verdade."* (Jo 4:24)

Mas, quanto à força do corpo físico, está escrito: *"Não se agrada da força do cavalo, nem dos músculos do homem."* (Sl 147:10)

Não estou dizendo que cuidar do porte físico é pecado — não, não é pecado; é superficial, mas não é pecado (desde que não seja algo demasiado, desde que não se torne um culto ao corpo). Estou dizendo que ser forte espiritualmente é bem melhor do que ser forte fisicamente. É isso: o que escrevi, escrevi. Amo o Senhor, pois Ele é bom e justo; Seu amor é o meu prazer, e por Sua fidelidade viverei seguro para sempre. Glória a Deus. Como disse Pôncio Pilatos, eu também digo: *"Pilatos respondeu: O que escrevi, escrevi."* (Jo 19:22)

Em breve nos encontraremos em Sião, se Deus quiser.

Não sei você, mas eu tenho plena certeza de que Ele quer.

Eu também quero, mas não sei se você quer.

Capítulo 18

Alguma dúvida?

Confesso que fiquei meio confuso quando senti que este projeto não alcançaria o seu ápice no presente, mas que seria uma herança para a posteridade, isto é, para alcançar alguns sobreviventes no futuro. Ainda não tenho certeza, pois a minha visão está meio nebulosa no momento, mas é bem provável que vocês nunca me conhecerão — não neste tabernáculo de barro, mas, na glória de Deus, nós nos veremos, se Deus quiser. Estou certo de que Ele quer.

Mas que vantagem há em saber quem é o Cooperador Francisco?

Não, ninguém precisa me conhecer, nem saber quem eu sou; a igreja precisa conhecer o seu Senhor e Deus, e não os seus servos.

Eu sou o menor de todos os servos de Deus, o último dos últimos e o maior dos pecadores; mas Ele teve compaixão de mim e ousou me usar assim mesmo, sem que eu merecesse. Isso se chama graça.

Sei que muitos certamente se perguntam a respeito disto:

— *Por que "trabalhador da última hora"?*

Bom, este slogan — "Trabalhador da última hora" — eu tirei da passagem que está escrita em Mateus 20:1-16, a qual fala acerca dos últimos trabalhadores da vinha, que foram chamados na última hora: *"De igual modo, por volta da décima primeira hora, saiu e encontrou outros que lá estavam; e perguntou-lhes: Por que estais aqui ociosos o dia todo? Eles lhe responderam: Porque ninguém nos contratou. E ele lhes disse: Ide também vós para a vinha."* (Mt 20:6-7)

Assim também, na última hora, o Senhor me deu a graça de poder estar trabalhando e cooperando com Ele em sua vinha. Através do meu testemunho tosco, porém original e verdadeiro, e através deste projeto intitulado Projeto Diamante Bruto — uma coleção com sete livros, sendo este o quinto — todos os livros juntos formam um só livro, pois todos trazem o mesmo espírito. Eu sei que jamais poderia escrever o que escrevi sem o auxílio da boa mão de Deus; disso todos podem ter certeza — sem o Senhor eu nada poderia ter feito.

Pois eu afirmo, sem medo de errar, que a boa mão de Deus esteve comigo desde o princípio deste projeto; por isso, eu digo que esta obra não é minha, e sim de Deus. O único auxílio que eu tive foi o auxílio de Deus, somente. E por que eu não busquei o auxílio do homem, mesmo sendo um mero escritor amador e semianalfabeto?

Ora, eu não busquei o auxílio do homem porque, se eu tivesse buscado tal auxílio, não teria alcançado plenamente o auxílio de Deus. Coloquei Deus em primeiro lugar, acima da instrução dos homens, e Ele me honrou, pois sua mão me revelou a sua vontade. Aprendi que, para ter uma revelação de Deus e receber plenamente o seu auxílio, eu não devo me espelhar nos ensinos de outros, isto é, na teologia de outros — pois isso me deixaria totalmente preso e limitado aos seus ensinos, restringindo a revelação e o auxílio de Deus para comigo; é uma questão de fé. Durante o período em que estive escrevendo, procurei me abster das pregações e dos ensinos de outros pregadores. Procurei me abster das leituras de outros livros cristãos. Procurei aprender diretamente com Deus, por meio da sua Palavra e sob a direção do Espírito Santo — do Deus sábio e fiel.

Fiz isso para que este projeto não fosse apenas mais um plágio de outros livros cristãos, mas sim um projeto totalmente original.

Não estou querendo dizer que estes livros que escrevi estão em pé de igualdade com a Palavra de Deus; não! Longe de mim pensar ou dizer tamanha maldade. Este projeto não é a Palavra de Deus, e sim as minhas palavras; porém, escrevi o que escrevi com a ajuda e com a direção de Deus, por sua graça e por sua misericórdia, de fato.

Por isso, quem me recebe, recebe aquele que me enviou.

Ou seja, como o próprio Jesus nos revelou, certamente assim eu creio que também acontecerá: *"Em verdade, em verdade vos digo: Quem receber aquele que eu enviar estará recebendo a mim; e quem me receber estará recebendo aquele que me enviou."* (Jo 13:20)

Em outras palavras: quem receber as palavras deste livro, isto é, deste projeto, não recebe a mim, mas recebe aquele que me enviou, a saber, o Senhor Jesus Cristo; e quem recebe Cristo, recebe o Pai.

Como está escrito: *"Perguntaram-lhe, então: Que faremos para realizar as obras de Deus? Jesus lhes respondeu: A obra de Deus é esta: Crer naquele que Ele enviou."* (Jo 6:28-29)

Ora, esta palavra tem duplo sentido, pois Jesus estava falando de si mesmo, mas também dos seus servos, que Ele enviaria ao mundo para anunciar o evangelho, isto é, a sua Palavra. E assim Jesus vai passando de uma vida para outra vida, de fé em fé —, quem recebe o verdadeiro servo de Cristo, ou seja, aquele que o Senhor Jesus enviou, também recebe o próprio Senhor Jesus Cristo: *"Quem recebe um profeta, porque ele é profeta, receberá a recompensa de profeta... [...] E aquele que der até mesmo um copo de água fresca a um destes pequeninos, porque é meu discípulo, em verdade vos digo que de modo algum perderá a sua recompensa."* (Mt 10:41-42)

Sim, isto eu afirmo, sem medo de errar — que foi Deus quem me enviou. Contudo, não falo isso para me vangloriar, mas para que saiba a verdade; e esta é a verdade: — *Eu não sou a verdade, mas somente o Senhor Jesus Cristo é a verdade, e não existe outra verdade.*

Repito: não sou nada, não sou ninguém, não sou digno do ar que respiro; mas digo a verdade: o que escrevi, escrevi pela boa mão de Deus. Quem precisa de fama ou reconhecimento, de dinheiro ou da glória deste mundo? Quem precisa da aprovação dos homens?

Tudo o que eu preciso é da Presença de Deus e da sua Glória.

Falo isso para que você aprenda a buscar a glória de Deus, e não a glória dos homens; para que você ame a Cristo, e não o mundo; para que você seja filho, e não escravo; para que você seja sábio, e não um tolo. Falo essas coisas para que você alcance a vida eterna.

Porque o dinheiro não pode comprar a tua salvação.

Falo isso porque a doutrina da prosperidade e a teologia coaching abriram uma ferida incurável no corpo de Cristo — isto é, na igreja.

Pois, por mais bonitas e inspiradoras que sejam as mensagens coaching, espiritualmente falando, elas levam para baixo e não para cima; estou falando acerca da salvação, e não das coisas relativas a este mundo de oportunidades, de cobiça, de vaidades e de ilusões.

Porque, humanamente falando, as mensagens coaching levam para cima, ou seja, para o sucesso e para a prosperidade no mundo.

E isso é uma deturpação do genuíno evangelho de Cristo.

Porque as preocupações do mundo são inimigas de Deus.

É mais ou menos isto: bem no mundo, mal diante de Deus; rico para o mundo, pobre para Deus; forte no mundo, fraco na presença de Deus. Porque aqueles que querem servir a Deus e às riquezas estão negando os ensinos do Mestre, fazendo pouco caso do Senhor.

Acaso Jesus não disse isto? *"Ninguém pode servir a dois senhores; porque ou odiará a um e amará o outro, ou se dedicará a um e desprezará o outro. Não podeis servir a Deus e às riquezas."* (Mt 6:24)

Mas é claro que os insubordinados distorcem esta mensagem para se justificarem em suas grandes cobiças e ambições desenfreadas.

Então, alguma dúvida? Se alguém ainda não entendeu alguns mistérios dos últimos dias, isto é, do Apocalipse, eu vou resumir dois tópicos mais discutidos pelos escatológicos, sem muita resenha:

"Enquanto estavas vendo isso, uma pedra soltou-se sem auxílio de mãos e feriu a estátua nos pés de ferro e de barro, e os esmigalhou. Então o ferro, o barro, o bronze, a prata e o ouro foram despedaçados e viraram pó, como a palha das eiras no verão. O vento os levou sem deixar nenhum vestígio; porém a pedra que feriu a estátua se tornou uma grande montanha e encheu toda a terra." (Dn 2:34-35)

Esta profecia nos revela o fim do mundo e do reino dos homens e a chegada do Reino de Deus em um novo céu e em uma nova terra.

Falo isso porque muitos se confundem, pensando que o Reino milenar de Cristo — o Grande Rei — não será na terra, mas no Céu.

Outra dúvida de muitos, é saber quanto tempo vai durar a Grande Tribulação; isto é, quantos serão os dias da Grande Tribulação.

Vou tentar resumir, está escrito: *"...os santos lhe serão entregues na mão por um tempo, tempos e metade de um tempo."* (Dn 7:25)

Esse será o tempo da Grande Tribulação.

O tempo em que a igreja estará sofrendo com as perseguições do anticristo. Também está escrito: *"Foi-lhe dada uma boca que proferia coisas arrogantes e blasfêmias; e foi-lhe dada autoridade para agir durante quarenta e dois meses. Ela abriu a boca para blasfemar contra Deus e difamar seu nome, seu tabernáculo e os que habitam no céu. Também lhe foi permitido atacar os santos e vencê-los; e foi-lhe dada autoridade sobre toda tribo, povo, língua e nação."* (Ap 13:5-7)

E também diz sobre a Grande Tribulação:

"Eles pisarão a cidade santa durante quarenta e dois meses. Concederei às minhas duas testemunhas que profetizem durante mil duzentos e sessenta dias, vestidas de pano de saco." (Ap 11:2,3)

Vai calculando, pois também diz: *"Até duas mil e trezentas tardes e manhãs; e o santuário será purificado."* (Dn 8:14)

Sabemos que a tarde e a manhã têm apenas doze horas, então isso vai dar mil cento e cinquenta dias. E também está escrito:

"E ele fará um pacto firme com muitos por uma semana; e na metade da semana fará cessar o sacrifício e a oblação; e sobre a asa das abominações virá o assolador; e até a destruição determinada, a qual será derramada sobre o assolador." (Dn 9:27)

Bom, isso é o bastante para nos dar, mais ou menos, o tempo da Grande Tribulação. Veja bem: foram dados quarenta e dois meses para a besta agir livremente; este é o tempo da Grande Tribulação.

"...para agir durante quarenta e dois meses." (Ap 13:5)

A cidade santa, ou seja, a igreja, também será pisada durante quarenta e dois meses; e as duas testemunhas, vestidas de pano de saco, estarão profetizando durante mil duzentos e sessenta dias.

Ora, mil duzentos e sessenta dias equivalem a quarenta e dois meses. E também duas mil e trezentas tardes e manhãs, que correspondem a mil cento e cinquenta dias. Esse será, mais ou menos, o tempo da Grande Tribulação: cerca de três anos e meio.

"E ele fará um pacto firme com muitos por uma semana; e na metade da semana fará cessar o sacrifício..." (Dn 9:27)

Essa semana simboliza sete anos; sete anos é o tempo do governo do anticristo. Serão três anos e meio em que o anticristo estará preparando o terreno para dominar com punhos de aço; depois, ele dominará o mundo por completo por mais três anos e meio.

Esses últimos três anos e meio são o tempo da Grande Tribulação.

Três anos e meio equivalem a, mais ou menos, mil duzentos e setenta e oito dias; aproximadamente o tempo em que o exército lhe foi entregue com o sacrifício diário, por duas mil e trezentas tardes e manhãs — cerca de mil cento e cinquenta dias (Dn 8:12). Também corresponde ao tempo em que a cidade santa estará sendo pisada durante quarenta e dois meses (Ap 11:2). O anticristo também terá liberdade total para agir durante quarenta e dois meses (Ap 13:5-7).

E as duas testemunhas, vestidas de pano de saco, também estarão profetizando durante mil duzentos e sessenta dias (Ap 11:3).

Tudo isso nos dá, mais ou menos, um tempo — não nos dá o tempo com exatidão — para que ninguém saiba o dia e a hora do fim da Grande Tribulação, que se encerrará com a volta do Senhor Jesus Cristo. O Senhor Jesus virá como um ladrão — como um assaltante que usurpará o reino dos homens e o mundo governado pela besta. Ele pegará todos os homens de surpresa; por isso, Deus não revelou o tempo exato, isto é, o tempo preciso de sua volta.

"Eu ouvi, mas não entendi; por isso perguntei: Meu senhor, qual será o fim destas coisas? Ele respondeu: Vai-te, Daniel, porque estas palavras estão lacradas e seladas até o tempo do fim. Muitos se purificarão, se embranquecerão e serão refinados; mas os ímpios agirão com impiedade; e nenhum deles entenderá; mas os sábios entenderão. Desde o tempo em que o holocausto contínuo for tirado, e a abominação assoladora for estabelecida, haverá mil duzentos e noventa dias. Feliz do que espera e chega aos mil trezentos e trinta e cinco dias. Tu, porém, vai-te, até que chegue o fim; pois descansarás, e receberás a tua herança no final dos dias." (Dn 12:8-13)

Nessa passagem, Deus diz que haverá mil duzentos e noventa dias; porém, depois Ele mostra outro número: diz que feliz é aquele que chega aos mil trezentos e trinta e cinco dias. O que isso significa?

Ora, Deus nos mostra um tempo que pode variar para mais ou para menos, isto é, que poderá se prolongar ou abreviar dentro de um período de aproximadamente três anos e meio, mas não nos dá o tempo com precisão, para que ninguém saiba o tempo exato do final da Grande Tribulação e da sua volta gloriosa. Alguma dúvida?

Se ainda houver, saiba que eu também não tenho todas as respostas. Pois o meu entendimento não é maior do que o teu; pode ter certeza disso. O homem pensa que sabe muitas coisas, mas, na verdade, o homem nada sabe. E se alguém sabe alguma coisa, é porque Deus lhe revelou. Por isso, somente a Deus seja dada a honra e a glória. Sim, somente a Deus seja o louvor — e não a nós, meros mortais. *"Somente a ti, ó Senhor Deus, a ti somente, e não a nós, seja dada a glória por causa do teu amor e da tua fidelidade."* (Sl 115:1)

Percebi que todas as almas corrompidas amam o livro de Enoque; isso quer dizer que há alguma coisa muito obscura nesse livro apócrifo. Mas algumas almas corrompidas lamentam por esse livro não fazer parte dos livros canônicos e culpam os homens por isso.

Como se fossem os homens que decidiram o que é a Palavra de Deus e o que não é — porque os homens e os seus concílios não decidiram nada; foi Deus quem decidiu tudo. A Palavra de Deus é esta Palavra que permaneceu até os dias de hoje; não foram os homens que canonizaram a Palavra de Deus — foi o próprio Deus quem confirmou a sua Palavra, pelo seu grande e eterno poder.

Muitos estão cegos e pensam que o homem está acima de Deus.

Mas esse tipo de pensamento é uma ofensa ao Deus Criador, Eterno, Soberano, Altíssimo e Todo-Poderoso. *"Porque toda pessoa é como a relva, e toda a sua glória, como a flor da relva. Seca-se a relva, e cai a sua flor, mas a palavra do Senhor permanece para sempre. E esta é a palavra que vos foi evangelizada."* (1Pe 1:24,25)

Foi Deus quem confirmou os livros canônicos e dispensou os livros apócrifos; não foi uma decisão do homem. Quem pensa de outra forma, de fato está cego, e não sabe de absolutamente nada.

Acreditar que anjos tiveram relações sexuais com mulheres, e até tiveram filhos híbridos, é muita insensatez — pois os anjos não têm pênis, nem tampouco esperma para gerar filhos. Quando Deus criou o homem, antes de criar a mulher, Ele o criou sem pênis; Deus só deu o pênis ao homem depois que criou a mulher, para que se unissem e para que os homens pudessem se multiplicar sobre a terra.

Como a Palavra nos revela: *"Então, o Senhor Deus fez cair pesado sono sobre o homem, e este adormeceu; tomou uma das suas costelas e fechou o lugar com carne. E a costela que o Senhor Deus tomara ao homem, transformou-a numa mulher e lhe trouxe."* (Gn 2:21,22)

Para o bom entendedor, meia palavra basta. Porém, para os corrompidos, tudo vira uma grande zombaria. Homens insensatos!

O que a Palavra do nosso Senhor quis dizer com isto? *"...tomou uma das suas costelas e fechou o lugar com carne."* (Gn 2:21)

O que poderia ser essa carne, senão o pênis do homem?

Como eu já disse: Para o bom entendedor, meia palavra basta.

Mas, certamente, muitos zombarão do que eu falei e ainda irão dizer: — *Se Adão foi criado sem pênis, como ele fazia para urinar?*

Porém, eu digo: — *As aves não têm pênis; mesmo assim, urinam.* Homens de pequena fé, estais duvidando do poder de Deus?

Vou te dar um conselho de irmão: se você não sabe, não julgue.

Alguma dúvida? Se ainda houver, não procure a resposta em mim, nem em quaisquer homens. Procure a resposta na Palavra de Deus.

Mas sei que o feminismo também é uma forma de satanismo; é o bem estampado sobre a face do mal. Todo homem é mau, o gênero masculino é mau; contudo, é mais justo do que o gênero feminino.

Não falo isso por mim mesmo, mas segundo o que está escrito:

"Vede, diz o sábio, foi isto que descobri ao comparar uma coisa com outra e assim achar a causa; causa que ainda busco, mas não a achei: entre mil homens achei apenas um justo, mas entre todas as mulheres não achei nenhuma. O que descobri foi apenas isto: Deus fez os homens justos, mas eles buscaram muitas complicações." (Ec 7:27-29)

Tentar mudar o plano original de Deus é rebelião contra o Criador; e não amar ao próximo é uma grande blasfêmia contra Deus, assim como também é homicídio odiar quem quer que seja.

Já se esqueceram dos ensinamentos do Mestre?

"Amai os vossos inimigos, fazei o bem aos que vos odeiam, abençoai os que vos amaldiçoam e orai pelos que vos maltratam. Ao que te bater numa face, oferece-lhe também a outra; e ao que te houver tomado a capa, deixa que leve também a túnica. Dá a todo que te pedir; e ao que tomar o que é teu, não lhe peça de volta. Como quereis que os outros vos façam, assim também fazei a eles." (Lc 6:27-31)

Este é um dos mais importantes ensinamentos de Jesus: *"Como quereis que os outros vos façam, assim também fazei a eles."* (Lc 6:31)

Quem assim não faz, está pecando contra o Senhor da glória.

Por isso, não seja arrogante; peça perdão a Deus — todos os dias.

"Se eu tivesse guardado o pecado no coração, o Senhor não me teria ouvido. Mas, na verdade, Deus me ouviu; Ele tem atendido à voz da minha oração. Bendito seja Deus, que não rejeitou minha oração, nem afastou de mim o Seu amor." (Sl 66:18-20)

De fato, o amor é o maior e o melhor de todos os dons.

Somente as almas maduras dão valor a este dom precioso; mas, quando uma alma imatura recebe este dom e passa a conhecer o verdadeiro amor, todos os outros dons se tornam irrelevantes.

Somente o amor permanece para sempre; todos os outros dons, além de corromper o homem, também serão enterrados com o pó.

Pois esta é a verdadeira sabedoria: conhecer a Deus e amá-lo sobre todas as coisas, e amar ao próximo como a si mesmo. Quem pratica essas coisas tem a vida eterna em Cristo Jesus; pois o amor cobre uma multidão de pecados. Uma alma cheia de dons pode facilmente perder o equilíbrio e se corromper, se ela não tiver o dom principal, que é o amor. Entenda, o que estou querendo dizer é isto:

"Mesmo que eu falasse as línguas dos homens e dos anjos, mas não tivesse amor, seria como o metal que soa ou como o prato que retine. E mesmo que eu tivesse o dom de profecia, e conhecesse todos os mistérios, e tivesse todo o conhecimento, e mesmo que tivesse fé suficiente para mover montanhas, mas não tivesse amor, eu nada seria. E mesmo que eu distribuísse todos os meus bens para o sustento dos pobres, e entregasse meu corpo para ser queimado, mas não tivesse amor, nada disso me traria benefício algum. O amor é paciente; o amor é benigno. Não é invejoso; não se vangloria; não se orgulha; não se porta com indecência; não busca os próprios interesses; não se enfurece; não guarda ressentimento do mal; não se alegra com a injustiça, mas congratula-se com a verdade. Tudo sofre, tudo crê, tudo espera, tudo suporta. O amor jamais é vencido.

Mas, havendo profecias, serão extintas; havendo línguas, silenciarão; havendo conhecimento, desaparecerá. Porque em parte conhecemos e em parte profetizamos; mas, quando vier o que é completo, então o que é parcial será extinto. Quando eu era criança, falava como criança, pensava como criança, raciocinava como criança; mas, assim que cheguei à idade adulta, deixei as coisas de criança. Porque agora vemos como por um espelho, de modo obscuro; mas depois veremos face a face. Agora conheço em parte, mas depois conhecerei plenamente, assim como também sou plenamente conhecido. Portanto, agora permanecem estes três: a fé, a esperança e o amor. Mas o maior deles é o amor." (1Co 13:1-13)

Deste modo, alicerçados sobre estes três fundamentos básicos — a fé, a esperança e o amor — certamente nós chegaremos a Sião.

Como eu já disse antes em outro testemunho, eu repito: — *Eu poderia continuar escrevendo até acabar a tinta de mil canetas.*

Mas, na verdade, se eu escrever além da medida, será vontade da carne, pois o espírito que Deus me mandou passar já foi passado; todavia, que seja feita a vontade de Deus. Se Deus quiser, darei continuidade ao meu testemunho. Não quero ser guiado pela minha própria vontade, mas pela vontade do Espírito da verdade; porque é Deus quem dará um ponto final neste projeto, e não eu. Que assim seja — se Deus quiser que eu continue escrevendo, assim será.

Lá atrás eu disse que o Diabo não ajuda ninguém — falo daqueles que fazem um pacto com ele — e, de fato, ele não ajuda mesmo, mas promove o ídolo. No entanto, ele não promove o ídolo porque deseja o sucesso da alma que fez um pacto com ele, mas sim com a intenção de provocar o Senhor; pois ele sabe o quanto Deus detesta a idolatria. Por isso eu digo que o Diabo está por trás de todos os ídolos: falo dos ídolos de madeira, de gesso, de metal e de carne e osso. Porque Deus detesta a idolatria, e muito mais os ídolos.

Porque, mesmo que uma alma alcance o sucesso e se torne um ídolo sem ter feito um pacto com o Maligno, ainda assim o Diabo está por trás do sucesso dela, mesmo que ela não saiba. Pois o Diabo é o grande promotor de toda espécie de ídolos, e faz isso com todo prazer — visto que ele promove o ídolo para provocar o Senhor.

E não apenas para provocar o Senhor, mas também para levar o ídolo e os idólatras à perdição eterna; pois promove o ídolo para ser idolatrado pelos homens, através dos próprios ídolos que promoveu.

Tudo o que o Diabo faz por uma alma, ele não faz para o bem dela, mas faz para se autopromover através dessa alma; esse é o seu jogo sujo. Mas os sábios e fiéis não cairão no seu jogo sujo, jamais.

Tampouco eu cairei, mesmo não sendo sábio nem fiel.

O que te digo é isto: — *Olhe para a luz e ande na luz.*

"Assim, o vencedor será vestido de vestes brancas, e de maneira nenhuma riscarei seu nome do livro da vida, mas, pelo contrário, reconhecerei seu nome diante de meu Pai e diante de seus anjos. Quem tem ouvidos, ouça o que o Espírito diz às igrejas." (Ap 3:5,6)

Quem serão os vencedores?

Os vencedores serão os sobreviventes do Apocalipse.

Aqui termina mais um testemunho do maior dos pecadores.

Graças a Deus. Até aqui o Senhor me ajudou.

Continua...